N
S
Havengeul
(des Mannes aus London)
Cirkelstraat
Visserskaai
Ooststraat
Tijdok
Visserijdok
Kapellestraat
Vindictivelaan
Voorhaven
Maria-Hendrika-Park

mare

Jochen Schimmang

MEIN OSTENDE

mare

1. Auflage 2020

Karte Peter Palm, Berlin
Typografie Iris Farnschläder, mareverlag
Schrift Albertina
Druck und Bindung CPI books GmbH, Germany
ISBN 978-3-86648-298-2

FSC www.fsc.org
MIX
Papier aus verantwortungsvollen Quellen
FSC® C083411

www.mare.de

Come in, she said, I'll give you
shelter from the storm.

BOB DYLAN

OUVERTÜRE: TRANSIT

Lange Zeit hatten die Belgischen Eisenbahnen im Kölner Hauptbahnhof eine eigene Niederlassung. Solange es diese Geschäftsstelle gab, habe ich sie niemals aufgesucht, weil ich mir meine Fahrkarten ins westliche Nachbarland immer im sogenannten Reisezentrum oder gar vorher in einem Reisebüro gekauft habe. Man sieht, ich spreche hier von einer Zeit, in der ich noch keine Online-Existenz besaß, sondern mich ganz analog durch meinen damaligen Wohnort Köln und den Rest der Welt bewegte. Eine Welt, in der Bücher noch so anfangen konnten:

> Stell dir jetzt vor: du gehst einfach zum Bahnhof. Vorher machst du ein paar Türen auf und wieder zu. Es gibt einen Menschen, der dich sofort begreift; das ist der Mann hinter der Scheibe des Fahrkartenschalters. Leer läuft der Zug auf dem Bahnsteig ein, und es vergeht Zeit bis zur Abfahrt. Nun kannst du durch den Zug gehen und dir das beste Abteil aussuchen. Du weißt, dass ungefähr drei Stunden Fahrt vor dir liegen, Richtung westliche Küste, nach Ostende.

So beginnt Jürgen Beckers Buch *Erzählen bis Ostende*, erschienen 1981. Heute würde man es einen Roman nennen. Es ist aber eher eine Abfolge kurzer Skizzen und Erzählungen, die durch die Klammer eben dieser Zugfahrt nach Ostende zusammengehalten werden. Auf der letzten Seite sitzt der Erzähler hinter den großen nassen Scheiben seines Ostender Hotels und schaut »ins näherkommende Meer«.

Inzwischen würde sich dieser Erzähler seine Fahrkarte von Köln nach Ostende vermutlich online buchen. Allerhöchstens würde er sie im Kölner Hauptbahnhof aus dem Automaten ziehen. »Das beste Abteil aussuchen«, auch damit ist es heutzutage so eine Sache. Doch selbst wenn er es gefunden hat – dort bis zum Ziel sitzen bleiben und träumen und all die Geschichten und Bilder an sich vorüberziehen lassen wie Beckers Erzähler, also *Erzählen bis Ostende*, das könnte der heutige Reisende nicht mehr. Denn mindestens in Brüssel Nord oder in Brüssel Midi, je nach Verbindung, müsste er umsteigen, im ungünstigsten Fall auch noch ein zweites Mal in Brügge. Die Direktverbindung von Köln nach Ostende existiert nicht mehr. Dabei wurde sie vor dem Zweiten Weltkrieg sogar zehn Jahre lang durch den Ostende-Köln-Pullman-Express bedient, Teil der schnellsten Verbindung zwischen Köln und London. Die Fahrpläne waren so ausgelegt, dass man innerhalb von knapp zwölf Stunden von Köln nach London kam, unter Einschluss der Fähre Ostende–Dover, und am nächsten Tag in der gleichen Zeit zurück. Dieser Express, betrieben von der Compagnie Internationale des Wagon-Lits (CIWL), war der einzige je in Deutschland betriebene seiner Art. Sein Hauptziel war die Beschleunigung des Verkehrs zwischen Großbritannien und dem rheinisch-westfälischen Industriegebiet, sein Ziel nicht Ostende, sondern der Transit.

Auch für mich ist Ostende über viele Jahre nicht mehr gewesen als ein Fährhafen, ein klassischer transitorischer Ort. Beim ersten Mal sah ich davon praktisch nichts. Das war im Juli 1966, ich war achtzehn, und mit vielen anderen Jungmenschen befand ich mich auf dem Weg nach *Swinging London*, angeblich, um dort einen vierzehntägigen Feriensprachkurs zu absolvieren, den ich dann aber nur zweimal aufsuchte, ehe ich ihn auf die Straße oder ins Pub verlegte. Ein Zug hatte uns in der beginnenden Dunkelheit bis nach Ostende gebracht, und als wir dort ankamen, herrschte tiefe Nacht. Ich kann mich nicht mehr erinnern, ob wir den kurzen Weg von Ostendes schönem Belle-Époque-Bahnhof zum Fähranleger zu Fuß gegangen sind oder ob es einen Shuttle gab. Von der Stadt jedenfalls sahen wir nichts als ein paar dunkle Umrisse, bis wir es uns auf der Fähre gemütlich machten und etwa vier Stunden später in einer milchigen Morgendämmerung die Kreidefelsen von Dover erblickten.

So ist es viele Jahre geblieben: Ostende selbst war weiter nicht von Interesse. Später nutzte ich meistens das Auto, um nach England zu kommen, und die Anfahrt zum Fähranleger verschaffte mir zwar einen schemenhaften Eindruck von der Stadt, aber sie blieb in meinen Augen Transitstation: als sei das hier womöglich so etwas Ähnliches wie Helmstedt/Marienborn.

PLÖTZLICHES GEBORGENSEIN

Das änderte sich an einem Novemberabend, irgendwann Anfang der Achtzigerjahre. Auf einer Rückreise aus dem englischen Südwesten erwischte ich in Dover nicht mehr die Fähre, die ich eigentlich hatte nehmen wollen, sondern erst die folgende, und kam damit schon am sehr fortgeschrittenen Abend in Ostende an. Dort plagte mich der Hunger, und da ich wusste, dass ich ohnehin erst mitten in der Nacht nach

Hause kommen und um diese Zeit selbst in Köln wohl kaum noch etwas zu essen finden würde, fuhr ich mit dem Auto erstmals in meinem Leben die endlos lange Promenade mit ihren zahllosen Restaurants ab. Unglücklicherweise handelte es sich gerade um die Wochen im Jahr, in denen die meisten von ihnen geschlossen hatten, bevor sie rechtzeitig vor Weihnachten zur Wintersaison wieder öffneten. Nur sehr wenige waren erleuchtet, und als ich zögernd das einladendste von ihnen betrat, den Old Fisher, wäre ich am liebsten gleich wieder gegangen, denn es saß dort kein einziger Gast. Am Meer isst man bekanntlich zeitig, weil der Appetit schon am frühen Abend kommt: eines der unabdingbaren Kapitel in der großen Erzählung von der Heilkraft des Meeres und der Seeluft. Es ging auf halb elf zu, ich war ersichtlich zu spät. Doch eine Frau in den Dreißigern, mit rötlichen Locken, wasserblauen Augen und einem leichten Rosenteint, als sei sie einem Gemälde von François Boucher entsprungen, kam auf mich zu und bedeutete mir freundlich, Platz zu nehmen. Ich wählte einen Tisch direkt am Fenster und ahnte hinter der menschenleeren Promenade im Dunkel das Meer. Ich meine mich zu erinnern, dass ich ein Seezungenfilet aß. Es war nicht die ganz große Küche, aber ausgezeichnet zubereitet und präsentiert, wie in Belgien nicht anders zu erwarten, zu einer Zeit, als man in (West-)Deutschland das Essen als kulturellen Akt gerade erst zu entdecken begann. Niemand schien ungeduldig darauf zu warten, dass ich fertig wurde; auch meinen Kaffee konnte ich in aller Ruhe trinken und mich von einem sehr anstrengenden Tag erholen, der frühmorgens noch in Dorset begonnen hatte. Fast schien es mir, als sei dieses Restaurant an diesem Novemberabend nur für mich geöffnet gewesen und habe den ganzen Tag auf mich gewartet. Deshalb bleibt es für mich bis heute eines der besten der Welt. Dann fuhr ich zwei Stunden lang über die bekannten hell erleuchteten belgischen Autobahnen, verfuhr mich auch nicht im verknoteten Wirrwarr des Brüsseler Autobahnnetzes, fiel an der Grenze bei Aachen in die Dunkelheit zurück und war eine weitere Stunde später zu Hause.

Noch zwei Mal habe ich im Old Fisher gegessen, beide Male an einem frühen Sommerabend mit Blick auf eine um diese Zeit sehr betriebsame Promenade. Ebenso betriebsam war es im Lokal selbst, weil viele der Besucher der Stadt ihren Promenadenbummel oder den Gang über den Strand schon hinter sich hatten und nun redlich hungrig waren. Ich wurde von derselben Frau an meinen Tisch geführt und bildete mir ein, dass sie mich wiedererkannte, eine Vorstellung, die eher meiner Eitelkeit schmeichelte, als dass irgendwelche Wahrscheinlichkeit dafürsprach. Dann hatte das Restaurant eines Tages seine Pforten geschlossen. Vielleicht war das zum selben Zeitpunkt geschehen, als der Fährverkehr nach England eingestellt wurde. Die Wärme, die selbstverständliche Gastfreundschaft, mit der ich bei meinem ersten Besuch dort empfangen wurde, das Gefühl des plötzlichen Geborgenseins an diesem unwirtlichen Novemberabend hinterließen jedoch einen so starken Eindruck, dass ich schon auf der damaligen Rückfahrt unter der Schirmherrschaft der gelben Lichter erstmals die Möglichkeit erwog, die ganze Stadt Ostende könne ein ähnlich freundlicher Zufluchtsort sein wie dieses Restaurant.

Damit begannen meine kleinen Fluchten. Als Kölner stand ich mit ihnen keineswegs allein. Zumindest zu Karnevalszeiten war die belgische Küste für viele Rheinländer, die den jecken Tagen entfliehen wollten, ein beliebtes Ziel, und die Hotels, Pensionen und Ferienwohnungen waren auf diese Woche in der Vorsaison durchaus eingerichtet. Daran hat sich nach meiner Kenntnis bis heute nichts geändert.

Ich selbst gehörte jedoch eher selten zu diesen Karnevalsflüchtlingen. Meine kleinen Fluchten hatten andere Anlässe und verteilten sich über alle Jahreszeiten. Zuweilen war es einfach nur der Überdruss an der eigenen Stadt, und Ostende lag gerade weit genug weg, um einerseits den nötigen Abstand zu schaffen – Lüttich hätte nicht gereicht, denn es war, zumal am Wochenende, voller Kölner – und andererseits nicht einen halben Tag Anreise zu brauchen. Einmal war der Anlass eine noch nicht weit zurückliegende Trennung, ein anderes Mal eine Ausstellung, die im nahen Gent stattfand. In den meisten Fällen war es die Sehnsucht nach dem offenen Meer, und von Köln aus gab es keinen näher gelegenen Punkt, um diese Sehnsucht zu befriedigen. Und manchmal, zumal in den Sommermonaten, trieb mich einfach nur der Wunsch, in den gleichsam demokratischen Trubel eines Seebads einzutauchen, das schon lange nicht mehr *chic* war.

Doch das waren eben nur Anlässe. Nachdem ich die Stadt einmal entdeckt hatte, muss es etwas Tieferes gegeben haben, das mich immer wieder dorthin zog. Ich habe eine Weile gebraucht, um zu verstehen, um was es sich handelt: Ostende ist ein ideales Versteck. Wer Petri Tamminens großartiges Buch *Verstecke* gelesen hat, weiß, dass man sich keineswegs vollkommen den Blicken der anderen entziehen muss, um sich zu verstecken. Auch das Mittendrin, die Straße, ja, eine ganze Stadt können ein idealer Unterschlupf sein. Ostende ist für diese zuweilen überlebenswichtige Technik besonders geeignet, weil es per se schon an der Grenze des Untertauchens liegt: an der Grenze zwischen Land und Meer, einer Grenze, die die beiden Elemente ebenso sehr trennt wie verbindet und äußerst beweglich ist.

Ein Blick auf die Frühgeschichte der Stadt zeigt, dass das auf Ostende ganz besonders zutrifft. Ursprünglich lag der Ort nämlich am östlichen Ende der Insel Testerep, womit die alte Preisfrage, warum ein Badeort am westlichen Ende Europas Ostende heißt, beantwortet wäre. Auf Testerep wurde bereits im neunten und zehnten Jahrhundert vor allem Schafzucht betrieben, in geringerem Maße wohl auch Fischerei. Die Insel lag unmittelbar vor dem damaligen Küstenstreifen und war von ihm nur durch einen natürlichen Kanal getrennt, den Testerepvliet. Schon bald wurde das Gebiet eingedeicht und durch Schleusen und Siele entwässert, wobei auch die größeren Orte auf dieser Insel entstanden: Ostende, Middelkerke und Westende, alles Ortschaften, die man heute bequem mit der berühmten Küstenstraßenbahn erreichen kann, von der später noch zu reden sein wird. Im Lauf der Zeit verlandete der Testerepvliet vollständig; Ostende fand sich auf dem Festland wieder und erhielt 1267 die Stadtrechte.

Es mag sein, dass der Mensch, gewissermaßen von Hause aus, »ein Landtreter« ist, wie ihn Carl Schmitt in seinem Essay *Land und Meer* nennt. Aber gleich anschließend stimmt es schon nicht mehr so ganz: »Er steht und geht und bewegt sich auf der festgegründeten Erde. Das ist sein Standpunkt und sein

Boden; dadurch erhält er seinen Blickpunkt; das bestimmt seine Eindrücke und seine Art, die Welt zu sehen.« So mag das vom Festland betrachtet aussehen, zumal von den Hügeln des Sauerlandes aus. Nur, dass man die Welt von diesem Standpunkt aus nicht immer ganz richtig sieht, was schon mit der Mär von der »festgegründeten Erde« beginnt. Küstenbewohner wissen das und wussten es schon immer, weil sie Teile des Landes, auf dem sie wohnten, dem Meer abgewonnen hatten, und sie wissen auch, zumal heutzutage, dass sie es ebenso gut wieder ans Meer verlieren können. Man erinnert sich an dieser Stelle zum Beispiel an den schönen Satz eines französischen Reisenden aus dem siebzehnten Jahrhundert: »Der liebe Gott hat die ganze Welt erschaffen, ausgenommen die Niederlande, die haben die Holländer gemacht.«

Im Gegensatz zu der heutigen Tendenz, die Grenzen an Land überall wieder zu befestigen und zu schließen und neue zu errichten, ist die Grenze zwischen Land und Meer, allen Deichen zum Trotz, immer eine offene. Selten so offen wie an der belgischen Küste: Hier fehlen nämlich jene Deiche, die wir aus Deutschland oder den Niederlanden kennen und hinter denen sich irgendwo das Meer versteckt. In Belgien steigen die Ufer entlang der gesamten Küstenlinie so schnell an, dass man auf die vielfache Eindeichung vorerst verzichten kann und dem Meer lediglich ein System von Dünen und Dämmen entgegenstellt, das nie den Blick aufs Wasser versperrt. Auch der seit 2012 neu gestaltete Zeeheldenplein mit der orange leuchtenden Skulpturenkunst von Arne Quinze dient in seiner wellenbrechenden Konstruktion dem Schutz Ostendes. Die große Sturmflut 1953, die hauptsächlich die Niederlande und Großbritannien traf, ließ jedoch auch Ostende nicht völlig ungeschoren. Die Innenstadt wurde bis zu einer Höhe von zwei Metern überflutet.

Alle bisherigen Maßnahmen könnten sich allerdings mit dem Klimawandel als unzureichend herausstellen, denn bis zum Ende dieses Jahrhunderts dürfte der Meeresspiegel um etwa einen Meter gestiegen sein. Die flämische Regierung denkt deshalb über extreme Maßnahmen nach. Die radikalste wäre die Teilung des Küstenstreifens in einen Ost- und einen Westteil. Der Ostteil, der sich von Ostende bis zum immer noch um Mondänität bemühten Knokke und an die niederländische Grenze erstreckt, würde besonders geschützt und in ein großes Stadtgebiet verwandelt, also »urbanisiert« werden, während die andere Hälfte, die bis zur französischen Grenze reicht, zum Überflutungsgebiet gemacht würde. Dabei sollen die dicht gedrängten Ortschaften in diesem Teil, die ohnehin etwas höher liegen und zu denen eine Reihe beliebter Badeorte wie Nieuwpoort und De Panne gehören, natürlich nicht geflutet, sondern ihr Hinterland in ein entsprechendes Biotop umgeformt werden, das zudem, so hofft die flämische Regierung, eine neue Gruppe Touristen anziehen würde. Ob diese radikalen Pläne aber jemals Wirklichkeit werden, ist bei der bekannten Neigung der Belgier zum Kompromiss und zu weniger schmerzhaften Lösungen (oder, wenn man es so überheblich ausdrücken will, zum Durchwursteln) durchaus fraglich.

KLEINE WAPPENKUNDE

Das Wappen der Stadt Ostende zeigt einen goldenen Schild mit drei Schlüsseln, bekränzt von einer fünfzackigen Krone in Gold. Die Schildhalter sind rechts ein Wassermann, der in der rechten Hand ein silbernes Schwert mit goldenem Griff trägt, auf der linken Seite eine Meerjungfrau, die in der linken Hand einen goldenen Spiegel hält. Das Ganze auf blauem Wellengang, darunter das Belgische Kriegskreuz mit Palme aus dem Zweiten Weltkrieg über einem Netz, unter dem sich ein Dreizack und eine Fischschaufel kreuzen, darunter ein goldener Anker mit silbernen Ketten. Ich bin kein Experte der Heraldik, aber summarisch lässt sich sagen, dass dieses Wappen, wie so viele andere, zunächst einmal von Wehrhaftigkeit zeugt. Darüber hinaus spricht es von der Verankerung des Ortes im Meer und auch von den Erträgen, die das Meer der Stadt bringt. Die Stadt selbst jedoch, die festgegründete Erde, die Carl Schmitt sich ausmalt, ist überraschenderweise nirgends sichtbar. Das Wappen kehrt dem Land den Rücken zu.

Mein persönliches Wappen von Ostende hätte dagegen die Form einer Muschel. Ein Blick auf die Karte kann das erklären. Von Osten her über die A10 kommend, kann man die allmähliche Verbreiterung der Stadt verfolgen, je weiter man sich in ihr aufs Meer zubewegt, sodass sie kartografisch etwa die Form einer Herzmuschel bildet.

Unter der Muschelschale dieser Stadt, so erfuhr ich bald bei meinen Besuchen, kann man sich durchaus geborgen fühlen: geschützt besonders vor allem, *was hinter einem liegt*. Denn um das, was hinter ihr liegt, scheint sich die Stadt Ostende nicht zu scheren. Als Küstenstadt ist sie kein Ort mit Hinterland, keine Regionalmetropole, auf die die Wege des Umlands zulaufen, kein Marktort für Landprodukte. Die nächste Regionalmetropole liegt weiter im Landesinnern und heißt Brügge. In Ostende angekommen, verspürt man keinerlei Bedürfnis, einen Ausflug nach Zandvoorde oder Oudenburg zu machen, so heißen die beiden nächstgelegenen Örtchen. Aber das Landesinnere interessiert die Stadt, ihre Bewohner und ihre Besucher nicht, es ist zu überwindende Wegstrecke bei der Anfahrt. Hat man sie bewältigt, liegt das ganze Land hinter einem, und man dreht sich nicht nach ihm um, solange man sich in Ostende aufhält.

Muscheln sind an das Leben im Wasser gebunden, vorwiegend in geringer Tiefe. Sie gehören jenem Bereich an, in dem die Grenzen zwischen den Elementen Wasser und Erde unscharf werden, in dem beide sich berühren. Dieser Bereich schärft das Bewusstsein für die Unbeständigkeit der Dinge. Man weiß, dass die Gestalt der Küste sich ständig ändert, dass sie Übergangsbereich par excellence ist, jederzeit vom Untergang bedroht. Natürlich gilt diese amphibische Existenzform mehr oder weniger für alle Küstenorte, für Ostende aber ganz besonders. Einst auf einer Insel gelegen, also gleichsam aus dem Meer geboren, richtet die Stadt ihren Blick nach wie vor entschlossen dorthin und tut alles, um auch ihren Bewohnern und speziell ihren Besuchern diesen Blick zu ermöglichen und zu empfehlen, aus gutem Grund: Bekanntlich ist der unmittelbare Blick vom Strand zurück auf die Stadt nicht sehr erfreulich. Das gilt nicht nur für Ostende, sondern beinahe für den gesamten belgischen Küstenstreifen.

PHANTASIEN IM GLÄSERNEN BUNKER (1)

Als ich vor Kurzem, auf einer Rückreise aus Südengland, zum ersten Mal mit meiner Frau in Ostende war, sagte sie: »Sei mir nicht böse, aber für mich sieht das hier aus wie Wilhelmshaven.« Überflüssig zu erwähnen – und bei allen Wilhelmshavenern vorauseilend Abbitte leistend –, dass das nicht als Kompliment gemeint war.

Zweifellos hat meine Frau irgendwie recht, obwohl sie an diesem Abend gar nicht viel von der Stadt gesehen hat, weil kurz nach unserer Ankunft ein sehr unangenehmer, kalter Dauerregen einsetzte. Niemand, der bei ästhetischem Verstand ist, könnte das heutige Ostende als eine rundum schöne Stadt bezeichnen. Vor dem Ersten Weltkrieg war die Strandpromenade von prachtvollen Bauwerken gesäumt, die von damaligen Reisebroschüren als unvergleichlich gepriesen wurden. Auch in der Zwischenkriegszeit verlor Ostende nichts von seinem Glanz. Es mag sogar sein, dass nach den Zerstörungen des Zweiten Weltkriegs noch eine Zeit lang die Chance bestanden hat, die Eleganz der Stadt zu erhalten und zu transformieren, sie gewissermaßen in die Moderne zu retten. Doch schon in den Sechzigerjahren haben sich fast alle Städte an der belgischen Küste dafür entschieden, nicht mit sich selbst zu wuchern, sondern Kapital aus dem freien Blick aufs Meer zu schlagen – möglichst für alle. Zora del Buono, die 2009 die 68 Kilometer mit der Küstenstraßenbahn von Knokke bis De Panne abgefahren ist und zu Beginn ihrer Reportage über diese Fahrt ihr Entsetzen über die dort aufgetürmten architektonischen Verbrechen nicht verbirgt, kommt am Ende zu dem Schluss: »Ein jeder hat seinen Blick aufs Meer verdient, egalitäre Architektur thront vor den Gründerzeitvillen: Besser, es können tausend Menschen neben- und übereinander gestapelt das Meer genießen als nur ein Villenbesitzer mit seiner Apanage. Glückliches Belgien.«

In der Tat kann man die gläserne Skyline, die den belgischen Küstenstreifen säumt, mit viel gutem Willen als den Sieg des demokratischen Gedankens in der Architektur ansehen, was beweist, dass das demokratische Prinzip, wenn es architektonische Gestalt annimmt, durchaus brutale Ergebnisse zeitigen kann: Égalité – Fraternité – Brutalité. Ist andernorts die exzellente Aussicht das Privileg der Reichen und Schönen, etwa am Zürichsee oder am Starnberger See, so muss der Käufer oder temporäre Mieter eines Glasbunkers in einem der sechs- bis zehnstöckigen Hochhäuser an der Ostender Promenade noch keine Phantasiepreise zahlen, um jeden Morgen nach dem Aufwachen den Blick aufs offene Meer zu genießen.

Ich selbst träume seit vielen Jahren davon, für ein paar Wochen ein Appartement in einem dieser Glaskästen als Ferienwohnung zu mieten. Bisher war das nur einem Helden meiner literarischen Phantasie namens Gregor Korff vorbehalten, weil ich selbst nie länger als drei oder vier Tage hintereinander in Ostende zugebracht habe, wogegen mein Protagonist sich mehrfach über Monate im gemieteten Ferienappartement versteckte und niemand wusste, wo er war.

Sich hier wirklich zu verstecken, ist übrigens so einfach nicht. Der Bewohner eines direkt an der Promenade gelegenen Appartements setzt sich, wenn er die Sicht aufs Meer wirklich genießen will, unweigerlich selbst der Sichtbarkeit aus. Auch, wenn er nicht auf den kleinen Balkon tritt, den viele dieser Wohnungen haben, sondern an der Fensterfront seiner Behausung verharrt, ist er den Blicken der draußen Promenierenden preisgegeben. Denn die Fenster der Seeseite reichen in dieser gläsernen Treibhausarchitektur von der Decke bis zum Fußboden. Vor dem fremden Blick sind deshalb höchstens die obersten Stockwerke geschützt, bei denen die Kauf- und Mietpreise entsprechend nach oben klettern dürften. Das kennt man: Penthouse kostet extra. Wer weiter unten wohnt, kann nur sehen, wenn er zugleich gesehen wird, was ihn, stelle ich mir vor, anfangs nach der richtigen Art suchen lässt, sich zu präsentieren, nach der richtigen Haltung also. Die Bandbreite der Möglichkeiten reicht von der Scheu, fast Scham, über die eingeübte Lässigkeit und die Prahlerei bis zur demonstrativen Nichtbeachtung derjenigen dort draußen und dort unten, der Arroganz. Und natürlich kann man auch einfach die Vorhänge zuziehen.

Hier wäre eine klassische Grundsituation für den Beginn eines Kriminalfilms oder Kriminalromans gegeben, habe ich immer gedacht, etwa in der Konstruktion von Hitchcocks *Rear Window*, wobei vermutlich der Täter draußen zu finden wäre und der Zeuge drinnen in einem dieser Appartements und wobei noch nicht ausgemacht wäre, ob die Blicke beider sich treffen oder zunächst nur der Zeuge den oder die Täter sieht, wie in Simenons *Der Mann aus London.* Auf jeden Fall, so habe ich mir ausgemalt, würde diese Eingangsszene – soll man sagen: die *Urszene?* – entweder an einem frühen, aber strahlenden Sommermorgen stattfinden, während die Promenade noch beinahe menschenleer ist, oder aber in der frühen Abenddämmerung, der *blauen Stunde.* Einen solchen Kriminalroman, so habe ich weiter phantasiert, könnte man am besten in einem dieser Appartements selbst schreiben.

Das ist selbstverständlich der Kern der ganzen Phantasie: dass ich persönlich es bin, der da etwa in der zweiten oder dritten Etage überm Meer sitzt und an diesem Roman schreibt. Gemietet habe ich das Appartement für drei Monate, von Mitte Juni bis Mitte September, im Gegensatz zu meinem früheren Helden Gregor Korff, der bevorzugt das Winterhalbjahr in Ostende zubrachte. Keiner weiß, wo ich bin, niemand kommt mich überfallartig besuchen: der ausreichende Schutz, den jeder Schriftsteller braucht und verdient hat. Das Appartement ist möbliert, viel Gelb bei den Polstermöbeln, man hat sich bemüht, alles aufeinander abzustimmen, was nicht immer gelungen ist, weil die als Ergänzung gedachten hier und da verteilten Hellbrauntöne das Wohlbehagen dämpfen. Küche, kleines Bad mit Wanne, winziger Balkon, bester Blick, rechts in der Ferne die orangerot leuchtenden Metallskulpturen von Arne Quinze. Die Menschen, die ich von hier aus auf der Promenade sehe, sind entfernt genug, aber noch nicht so winzig, dass man keine Details erkennen könnte. Bald nach meiner Ankunft entdecke ich unten einen Mann Anfang dreißig, der jeden Vormittag etwa zur selben Zeit langsam die Promenade hinunterschlendert, zuweilen stehen bleibt und sich umsieht. Am vierten Tag fahre ich mit dem Lift nach unten und hefte mich an seine Fersen, in gebührendem Abstand. Er ist groß, trägt Jeans und ein weißes Hemd, hält sich sehr aufrecht und macht einen durchtrainierten Eindruck, wirkt aber nicht militärisch, sondern eher lässig. Ich folge ihm, fast stolz darauf, wie gut es mir gelingt, ihn unauffällig zu beschatten, bis er ein Restaurant am Visserskaai, Ecke Nieuwstraat betritt. Dort nimmt er nicht etwa Platz, sondern verschwindet in der Tiefe des Raumes, während ich feststelle, dass das Restaurant noch gar nicht geöffnet hat, er also entweder als Koch oder Kellner hier arbeitet. Ich entscheide mich für die erste Option. Am nächsten Tag sehe ich ihn wahrhaftig etwa zur selben Zeit und folge ihm erneut auf demselben Weg mit demselben Ziel.

Der Fall ist jetzt also klar, und ich habe für meinen Roman die erste Figur. Alles andere ergibt sich schnell: die Kellnerin eines anderen Restaurants, in dem ich bald Stammgast werde und die mit dem Koch des Restaurants am Visserskaai in eine Liebesgeschichte verwickelt ist, und dann der geheimnisvolle ältere Gast, der eines Tages mit der Fähre aus Dover kommt – der Roman ist in den späten Achtzigern angesiedelt –, sich im Hotel Louisa einmietet und das Unheil mitbringt ... Das Zentrum dieser Phantasie ist selbstverständlich nicht der Roman selbst, sondern die Situation des Autors, der, geschützt in seinem Appartement, daran arbeitet. Je länger diese Arbeit dauert, desto mehr entzieht er sich den Blicken. Die Vorhänge bleiben lange geschlossen, erst nach der ersten langen Phase der Arbeit am Morgen werden sie geöffnet und geben immer aufs Neue den überraschenden Blick auf eine belebte sommerliche Promenade frei, und auf einen Strand, an dem das Badeleben schon Fahrt aufgenommen hat. Erst gegen Mittag taucht der Autor selbst in das Leben der Stadt ein und geht essen, bevorzugt in einem der beiden Restaurants, in denen seine Romanfiguren arbeiten. In solchen Phasen, dazu noch an einem Ort, an dem man nur temporär zu Hause ist, ist es wichtig, ein Korsett fester Gewohnheiten zu haben, die das Nachdenken über den Alltag auf ein Minimum reduzieren. Ein kleiner Teil des Nachmittags gehört noch einmal der Arbeit, von besonders schönen Sommertagen vielleicht abgesehen, die zu einem direkten Ausflug an den Strand verlocken. Nach einem leichten und frühen Abendessen (Muscheln, Seezunge etc.) und einem anschließenden Gang über die Promenade oder über den Strand zieht unser Autor sich wieder in seinen Glaskasten zurück. Nur manchmal streift er noch später abends durch die Stadt, um etwa ein Bier im *'t botteltje* oder anderswo zu trinken.

Von nun an wird unser Autor häufiger auftreten und

braucht deshalb einen Namen. Ich werde ihn Gregor Korff nennen, der Einfachheit halber, weil ich mit dieser Figur schon länger vertraut umgehe und ihr endlich ein ganzes Quartal im Sommer gönnen möchte, denn immerhin hat Korff einmal behauptet, Ostende sei unter den Städten seine spröde, verhärmte Geliebte.

Eines Tages, so höre ich natürlich nicht auf zu hoffen, muss diese Phantasie, wenigstens über einen Zeitraum von vier Wochen, einer Realitätsprüfung unterzogen werden. Es versteht sich, dass sie zugleich auch ein flammendes Plädoyer dafür ist, die zahllosen Aufenthaltsstipendien, die es für uns Schriftsteller gibt und die manchen in sehr entlegene Orte unseres Landes verschlagen (nichts gegen die Ränder und versteckten Winkel!), um das dringend notwendige Ostende-Stipendium zu erweitern.

»DIE ANZAHL DER BADEGÄSTE NIMMT MIT JEDEM JAHR ZU«

Das Ostender Badeleben im Sommer ist heutzutage ein absolut demokratisches Vergnügen. Soll heißen, es ist kein Privileg der Superreichen, die, wenn sie sich an der belgischen Küste aufhalten, das nördlicher gelegene Knokke-Heist vorziehen. Schon lange ist es nicht mehr die Aristokratie, sind es nicht mehr die Kaiser und Könige, die das sommerliche Bild der Stadt prägen.

Wie diese Küsten überhaupt entdeckt wurden und das Meer sich langsam vom Inbild des bedrohlichen Chaos und der Zerstörung zu einem Element entwickelte, das unter Umständen heilende Kraft haben konnte, hat der französische Historiker Alain Corbin in seinem Klassiker *Meereslust. Das Abendland und die Entdeckung der Küste* ausführlich beschrieben. Der Titel des 1988 erschienenen französischen Originals ist noch etwas präziser: *Le territoire de vide. L'Occident et le plaisir du rivage 1750–1840*, was sich wie folgt übersetzen ließe: »Das Territorium der Leere. Das Abendland und die Freude an der Küste 1750–1840«, wobei es statt der Leere auch noch die Alternativen »Territorium des Abgrunds« oder gar »des Nichts« gäbe. Denn jahrhundertelang – nach der Antike, für die die Küste ein Revier des Rückzugs, der Muße und des Gesprächs war – war das Bild vom Meer mit dem von der Sintflut und den damit einhergehenden Verwüstungen verbunden.

Es ist hier nicht der Ort, den allmählichen Wandel im Blick aufs Meer und auf die Küstenregionen im Einzelnen so nachzuzeichnen, wie Corbin es tut, aber eine etwas ausführlichere Skizze braucht es schon, damit deutlich wird, wie der heilsame Aufenthalt am Meer gleichsam erfunden und wie die Grundlage für die Entstehung der klassischen Badeorte des neunzehnten und frühen zwanzigsten Jahrhunderts gelegt wurde.

Eine wichtige Rolle spielte dabei die (Wieder-)Entdeckung des Meeres als mögliche Heilquelle. Bis dahin dominierten die bedeutenden Thermalkurorte im Inneren der einzelnen Länder, allen voran Bath in England. Die streng ritualisierten Formen der Geselligkeit, die mit dem dortigen Aufenthalt verbunden waren, kennen wir unter anderem aus einigen Romanen Jane Austens. Der Thermalkurort war so lange den Orten an der Küste gleichsam zivilisatorisch überlegen, wie die Küste das Territorium der Leere und das Meer das Element der Zerstörung bildete. Mit der medizinischen Aufwertung des Meeres und des Aufenthalts an der Küste etwa ab der Mitte des achtzehnten Jahrhunderts wurde die Vorherrschaft der Thermalkurorte immer mehr infrage gestellt. Zu den segensreichen Wirkungen, die von bestimmten Ärzten dem Aufenthalt am Meer zugeschrieben wurden, zählte unter anderem der Sieg über die Melancholie, oder, um es britisch zu spezifizieren, über den *spleen*. Das kalte, auch ein wenig erschreckende Bad im Meer, für das nach und nach genaue Vorschriften entwickelt wurden, sollte außerdem gegen Unfruchtbarkeit in der Ehe, die Pubertätsnöte junger Mädchen oder bei der Stabilisierung eines zerrütteten Nervensystems helfen. Später wurde auch die Güte der Luft ein Indikator dafür, wie heilsam der Aufenthalt in welchem Küstenabschnitt war. Während die Küsten des Mittelmeers eher mit dem Verfall, dem Fauligen und ungesunden Winden (Bora, Scirocco) assoziiert wurden, wurde der frischeren Luft der nördlichen Küsten Heilwirkung zugesprochen.

Für diese Strömung der damaligen Medizin stand vor allem der Name Richard Russell. Der 1687 geborene Arzt ging 1747 nach Brighton, um dort als Badearzt seine bis dahin entwickelten Theorien praktisch umzusetzen. Drei Jahre später veröffentlichte er seine Dissertation über den *Gebrauch von Meerwasser bei Drüsenleiden*, die kurz nach der lateinischen Fassung auch auf Englisch vorlag und so erste Breitenwirkung entfalten konnte. Einige Jahre danach folgte ein zweites Buch zum gleichen Thema, diesmal gleich in englischer Sprache. Unter anderem wird darin die These aufgestellt, dass Meereskuren denen in den binnenländischen Thermalbädern deutlich überlegen seien. Dass Russell insbesondere das Meer bei Brighton empfahl, wo er Grundbesitz erworben und eine Klinik errichtet hatte, versteht sich von selbst.

Der Aufstieg Brightons von einem Fischerdorf zu *dem* englischen Seebad des Königshauses und der Aristokratie nach

Russells Tod 1759 begann mit der jahrzehntelangen Förderung des Ortes durch George IV., der schon als Prinzregent das Bad besucht hatte und ihm als König treu blieb. »Die aufmerksame Gegenwart des Prinzen, dann Prinzregenten und schließlich Königs verwandelt das Thermalbad in einen Ort der Sommerfrische und Vergnügungen«, schreibt Corbin. »Kurz, in Brighton vollzieht sich zum ersten Mal die Wende vom Therapeutischen zum Hedonistischen, ein Prozess, der im Lauf des 19. Jahrhunderts alle großen Seebäder des Kontinents charakterisiert.«

Begonnen hat er trotzdem auf der britischen Insel, weil sie auch in dieser Beziehung, um mit Marx zu sprechen, »der Demiurg des bürgerlichen Kosmos« war. Es ist zunächst die königliche Familie selbst und dann die Hocharistokratie, die sich für bestimmte Orte entscheidet und im Fall der königlichen Familie teilweise von sich aus verfügt, hier sei ein Seebad zu errichten. Sobald dieses den entsprechenden Glanz gewonnen hat, werden der Landadel und bedeutende Persönlichkeiten des öffentlichen Lebens angezogen. Erst später wendet sich auch das Bürgertum, in Kopie des aristokratischen Lebensstils, dem Seebad zu. Am Ende haben Brighton und Weymouth die Partie gegen Bath gewonnen. Das aus Jane Austens Romanen bekannte Personal zieht gewissermaßen vom Binnenland an die Küste. Für den Anfang aber gilt, um noch einmal Corbin zu zitieren: »Jedes Seebad braucht die Präsenz eines Mitglieds der Königsfamilie, um die vornehme Gesellschaft anzuziehen.«

Dasselbe gilt auch für den Kontinent und Ostende, nur, dass hier alles einige Jahrzehnte später stattfand. Die Rolle des führenden Thermalkurortes, die Bath in England einnahm, spielte in Belgien bekanntlich ein kleines Städtchen in den Ardennen namens Spa. In der englischen Sprache und im heutigen Wellness-Jargon ist *spa*, wie man weiß, das Synonym für ein Heilbad oder für entsprechende Einrichtungen in Hotels gehobener Klasse geworden. Die mineralischen Heilquellen von Spa sollen angeblich schon in römischer Zeit und später im frühen Mittelalter genutzt worden sein, zu einer Zeit also, als noch nicht einmal die Besiedlung der Insel Testerep begonnen hatte, geschweige denn, dass es dort einen Ort namens Ostende gegeben hätte. Durch kaiserlichen und hocharistokratischen Besuch geadelt, war Spa lange Zeit das maßgebliche, wenn nicht einzige Thermalbad Belgiens. Einen kaiserlichen Besuch besonderer Art gab es dort übrigens auch in der Endphase des Ersten Weltkriegs, denn von März bis November 1918 war Spa der Sitz des Hauptquartiers der Obersten Heeresleitung des Deutschen Reiches, während weiter westlich in den Schützengräben die Untertanen Seiner Majestät zu Hunderttausenden krepierten. Genützt hat das schöne Ambiente den Generalstabsplanungen nichts mehr.

Schon ab Mitte der Dreißigerjahre des neunzehnten Jahrhunderts aber erfuhr Spa eine ernsthafte Konkurrenz durch die Küste. König Leopold I. und Königin Louise-Marie, das erste Herrscherpaar des frisch aus der Opernrevolution von 1830 geborenen neuen Staates Belgien, verbrachten ab dieser Zeit »die Saison« in dem zögerlich aufstrebenden Seebad. 1837 wird dort eine Spielbank eröffnet; erst danach werden die Ostender Badeeinrichtungen auf einen zeitgemäßen Stand gebracht. Welche enorme Heilkraft das Meer gerade bei Ostende hat, darüber lernte das Publikum viel aus der 1845 in Frankfurt am Main erschienenen Abhandlung *Das Seebad Ostende. Ein Buch für Kurgäste, von Dr. Hartwig, praktischem Arzte in Antwerpen, Mitgliede der medicinischen Gesellschaft daselbst, während der Saison in Ostende, Hôtel d'Allemagne.*

Das Buch ist ganz im Geiste des Fortschritts und der Beförderung der allgemeinen Gesundheit geschrieben. Es singt eingangs das Loblied der Eisenbahn, weil durch sie »so vielen Kranken die Möglichkeiten gegeben ist, ohne bedeutende Kosten, ohne der Ermüdung einer längeren Reise ausgesetzt zu seyn, irgendeine heilsame Quelle oder eine gesündere Luft aufzusuchen! Wo früher Hunderte Badereisen machten, werden es bald Tausende können.« Da die ursprüngliche Eisenbahnverbindung von Ostende nach Lüttich nun nach »Aachen und Cöln« verlängert ist, rückt die »kleine flamändische Seestadt« mehr und mehr ins Blickfeld der Deutschen, insbesondere auch der Süddeutschen, denen sie nun näher liegt als »die Ostseebäder, (…), Norderney, Scheveningen und die französischen Seebäder«. Gelobt wird vorab die Qualität des Strandes, zu vergleichen allerhöchstens noch mit dem von Norderney. Zudem ist die Reise nach Ostende »eine der angenehmsten, die man sich denken kann«. Dass die deutschen Seebäder den Konkurrenzkampf wegen ihrer abseitigen Lage für viele Deutsche gegen das flämische Seebad langfristig verlieren werden, daran kann, so Hartwig, kein Zweifel bestehen, »wenn man einen Blick auf die Karte wirft und bedenkt, dass Cöln nur noch 16 Stunden von Ostende entfernt ist – eine Thatsache, die man vor zwanzig Jahren ohne Weiteres ins Reich der Fabel verwiesen hätte«. Die Lage der Stadt selbst sei allerdings durchaus nicht malerisch, schreibt Hartwig, flaches, baumloses Land, so weit das Auge reicht, dazu die Dünen, die das Land vom Meer trennen. Die Stadt selbst aber, über die Dünenlinie hinaus dem Meer entgegengebaut, »ist gegen die Gewalt der Wellen durch einen starken steinernen Damm beschützt«, auf dem man den »angenehmsten Spaziergang« machen kann. Dem kann bis heute nicht widersprochen werden. Da Hartwig offensichtlich den fortschrittlichen Tendenzen seiner Zeit verpflichtet ist – jetzt können nicht mehr Hunderte, sondern Tausende am Badeleben teilnehmen, siehe oben –, geht er auf die sogenannte elegante Welt und auf das Herrscherpaar, das hier den Sommer verbringt, nicht ein. Eine Ahnung davon liefert dennoch die folgende Beschreibung: »An einem Ende des Dammes steht ein eleganter Pavillon, wo sich gewöhnlich des Nachmittags die Gäste versammeln; dicht gedrängt, alle Zungen Europas redend, umlagern sie auf Stühlen und Bänken das zierliche Gebäude …« Damit ist die Internationalität, die das Seebad Ostende seit 1834 gewonnen hat (dem Jahr, da das Herrscherpaar zum ersten Mal die Sommersaison hier verbrachte), hinreichend dargestellt.

Nicht lange nach der Veröffentlichung von Hartwigs Buch, im Sommer 1846, war auch Karl Marx hier zu Gast, der bekanntlich von 1845 bis zu seiner Ausweisung 1848 im Brüsseler Exil lebte. Vorher hatte sein Freund Engels das Terrain sorgfältig sondiert und Marx in einem Brief vom 27. Juli Bericht erstattet: »Lieber Marx, Ich bin diverse Tage herumgelaufen und hab mich nach Quartieren für Dich umgesehen, aber wenig gefunden. Entweder zu groß oder zu klein. (…) Enfin gestern hab ich zwei Quartiere aufgetan au choix …« Es folgt eine ausführliche Beschreibung nebst einer peniblen Abrechnung, was ein Aufenthalt in Ostende kosten würde, die so abschließt: »Außerdem wären aber noch fr. 100 für incidental expences wünschenswert, weil man sich ohne die hier sehr langweilt. (…) Mehr als einen Monat brauchst Du nicht hier zu bleiben. Bloß, wer kreuzlahm und inwendig und auswendig an allen Gliedern geschlagen ist, bleibt länger. (…) Im übrigen lebt's sich hier sehr schluffig.« Es folgt eine Aufzählung der Personen, die er kennengelernt hat, angefangen mit einem »langweiligen Barmer Philister« bis zu einem »Franzosen qui a beaucoup d'esprit und der überhaupt ein tüchtiger Kerl ist, obwohl er fünfzehn Jahr in Elberfeld war und par conséquent deutsch spricht«. Schließlich: »An großen Männern ist nichts hier. Die kommen erst im August.«

Das klingt alles nicht gerade nach einem aufregenden und mondänen Seebad, in dem sich die große Welt trifft. Offenkundig beurteilt Engels den Ort anders als Dr. Hartwig, hinter dessen Beschreibung natürlich auch Eigeninteresse steckt, ganz ähnlich dem von Dr. Russell in Brighton achtzig Jahre zuvor. Ostende erfährt auch erst seit einem guten Jahrzehnt die Weihen des alljährlichen königlichen Saisonaufenthalts; der Ort befindet sich noch in der Aufstiegsphase. Zudem klärt uns der Brief auch nicht darüber auf, was und wen Engels unter »großen Männern« versteht.

Dennoch existiert zu dieser Zeit schon die Konkurrenz zwischen Ostende und Spa, ähnlich dem Kampf zwischen Bath und Brighton auf der britischen Insel, und auch hier gewinnt in den Folgejahren letztlich das Seebad gegen den binnenländischen Kurort. Daran ändert auch die Tatsache nichts, dass die landschaftliche Einbettung Spas natürlich um einiges reizvoller und pittoresker ist als diejenige Ostendes. Für die Letztere nämlich findet auch Hartwig keine allzu begeisterten Worte. Er spricht von »unbeschreiblicher« Öde und Kahlheit und rät von Ausflügen ins Hinterland ab. Eugen Hartwig war Deutscher, und er kam erkennbar nicht von der Küste, sondern vielleicht aus irgendeinem niedlichen Tal oder einer Mittelgebirgslandschaft, wie ich selbst aus dem Leinebergland, bis es mich mit elf Jahren nach Ostfriesland verschlug und ich mich anfangs in der grenzenlosen, flachen Weite absolut verloren fühlte, ehe ich das flache Land mit den Jahren immer mehr als die einzig mir gemäße Landschaftsform empfand. Als Hartwig seinen Traktat veröffentlichte, hatte Ostende nach seinen Angaben »15000 Seelen, unter welchen man ungefähr 2000

Engländer zählt«. Die Stadt lebt von der Fischerei und auch schon vom Fährverkehr von und nach England. »Die Anzahl der Badegäste«, schreibt Hartwig, »nimmt mit jedem Jahre zu.«

Damit das so bleibt, wird zeitgemäß der medizinische Nutzen des Badeaufenthalts betont. Noch muss der Aufenthalt an der See vor allem medizinisch legitimiert werden. Er darf nicht einfach ein Vergnügen sein. Nach und nach setzt sich dieser hedonistische Aspekt aber durch. Friedrich Engels war offensichtlich 1846 nicht zum ersten Mal in Ostende. Nach Zeugnissen der Londoner Hafenbehörde ist er schon im August 1843 dort gewesen. Welchem Zweck sein Aufenthalt diente, ist nicht bekannt. Unter Umständen musste er sich vorübergehend von den deprimierenden Recherchen über die Lage der arbeitenden Klasse in England erholen, deren Resultate ja zwei Jahre später in dem gleichnamigen Klassiker publiziert wurden, im selben Jahr wie Dr. Hartwigs Buch für Kurgäste. Jedenfalls hat er sich in Ostende nachweislich unter anderem mit dem Historiker Georg Gottfried Gervinus getroffen und Bekanntschaft mit dem Vormärzpoeten Georg Herwegh geschlossen. Die intellektuelle Elite der deutschen Länder hielt sich damals zwangsweise vor allem im Ausland auf. Belgien mit seiner liberalen Verfassung war ein bevorzugtes Fluchtziel.

Engels' jüngere Schwester Marie, gerade achtzehn, war schon im Jahr zuvor in Ostende gewesen, wie aus einem (englisch verfassten) Brief von Friedrich an sie vom 2. August 1842 hervorgeht, in dem er ihr unter anderem rät, während ihres Aufenthalts »the Flemish or Netherlandic dialect« zu lernen, eine sehr plumpe Sprache, »but it has its advantages and anyway it is very comical«. Dieser Ratschlag und die Frage, ob sie schon Bekanntschaften geschlossen habe, lässt darauf schließen, dass die Schwester einen längeren Aufenthalt plante. Das sich entwickelnde Seebad Ostende stand offenbar schon auf der Agenda wohlhabender Bürger wie der Fabrikantenfamilie Engels.

HERZ DER FINSTERNIS

Doch zurück zu den gekrönten Häuptern und zur Aristokratie. Nach dem Tod des ersten Königs der Belgier – das ist der offizielle Titel bis heute, einen »König von Belgien« gibt es nicht – im Jahr 1865 machten auch sein Sohn und Thronfolger, Leopold II., und dessen Lieblingstochter Prinzessin Clementine Ostende zu ihrer Sommerresidenz. Leopold II. ist jene finstere Gestalt, die Belgien unbedingt zur Kolonialmacht machen wollte und den sogenannten Freistaat Kongo als sein Privateigentum behandelte und später gern auch der Schlächter vom Kongo genannt wurde. Joseph Conrads *Herz der Finsternis* ist das berühmteste literarische Zeugnis der schonungslosen Ausbeutung des Landes und seiner Bewohner sowie der Verstümmelungen und schließlich des Massenmordes, die an ihnen begangen wurden. Die Schätzungen reichen bis zu zehn Millionen Toten. Einer Quelle zufolge sind 1909 beim Trauerzug für den König dessen sterbliche Überreste von der eigenen Bevölkerung ausgebuht worden, wie es heißt.

Die Gelder, die der König der Belgier aus dem riesigen Gebiet zog, das vor allem Kautschuk lieferte, investierte er im eigenen Land in Prunkbauten aller Art, von denen der größenwahnsinnigste der Brüsseler Justizpalast war, dessen Bau von 1866 bis 1883 dauerte. Vor allen anderen Orten aber, noch vor Brüssel, hat die Stadt Ostende von der Sehnsucht dieses

Herrschers nach Grandeur und Glamour für sein kleines Land profitiert. Unter anderem die Pferderennbahn Wellington, benannt nach dem Sieger von Waterloo, wurde auf seine Veranlassung hin gebaut, samt der Promenade, die dorthin führt. Man darf ruhig behaupten, dass jene Stadt Ostende, die als die Königin der Seebäder galt (sie ist im Zweiten Weltkrieg untergegangen), maßgeblich das Werk Leopolds II. war und mit dem Geld bezahlt wurde, das dieser aus seinem Privatbesitz namens Freistaat Kongo zog. Die Stadt hat ihm dafür und für andere Bauten 1931 ein Reiterstandbild in Bronze errichtet, das mit einer Inschrift wahrhaftig »De Dank van de Congoleezen an Leopold II.« ausdrückt, und zwar dafür, dass er sie »von der arabischen Sklaverei befreit habe«. Denn das war anfangs als Grund genannt worden, den Kongo zu kolonialisieren. Um in die Lücke zu stoßen, die der Kongo als beinahe letztes noch unentdecktes Gebiet in Afrika bildete, und ihn sich als Privateigentum unter den Nagel zu reißen, stimmte Leopold sich mit den beiden Kolonialmächten England und Frankreich ab, lud zweimal zu internationalen Konferenzen ein und gründete Gesellschaften, die den Kongo erschließen und ihn vom Joch arabischer Sklavenhändler befreien sollten. Und er entdeckte die wirtschaftlichen Möglichkeiten dieses Riesengebiets erst in dem Moment, als der Gummireifen erfunden worden und Kautschuk plötzlich ein begehrter Rohstoff geworden war.

Neben dem Sockel, auf dem der König in Ostende hoch zu Pferde sitzt, ist als Bronzeplastik auch eine Gruppe von Kongolesen zu sehen. Einem davon wurde, in Erinnerung an die Verbrechen von Leopolds Söldnern in Afrika, von einer Aktivistengruppe 2004 die Hand abgesägt; sie ist bis heute nicht wiederaufgetaucht. Seit 2016 gibt es eine neue Infoplakette am Standbild, die sehr matt darauf hinweist, dass der König und seine Kolonialpolitik heutzutage durchaus umstritten seien.

Was die Stadt nicht hindert, eine ihrer längsten und breitesten Straßen, die direkt zum Kursaal und Casino führt, Leopold-II-Laan zu nennen. Denn, wie es auf der neuen Tafel am Reiterstandbild heißt: »De vorst heeft in elk geval een duidelijke en blijvende stempel gedrukt op zijn Oostende.« In der Tat: Der Fürst hat auf jeden Fall seinem Ostende einen deutlichen und nachhaltigen Stempel aufgedrückt, wer möchte das bestreiten. Und das Geld, das dafür erforderlich war, war das, was man heutzutage Blutgeld nennt. Ein Hinweis für die, die es ertragen können: *Weißer König, roter Kautschuk, schwarzer Tod* heißt ein ursprünglich für *arte* produzierter Film von 2004, den man an verschiedenen Stellen im Netz abrufen kann.

Dass die Sklaverei im Kongo nicht aufgehört, sondern nur »modernere« Formen angenommen hat, dürfte bekannt sein. Das an Bodenschätzen reichste Land der Erde versorgte und versorgt die Welt nicht nur mit Kupfer, Uran, Zink, Kobalt und auch Gold, sondern derzeit auch unsere Smartphones, Computer und Flachbildschirme mit dem dafür unverzichtbaren Rohstoff Coltan. Diese Rohstoffe kommen natürlich nicht von allein ans Tageslicht, sondern werden weiterhin in Sklaven- und Kinderarbeit zutage gefördert, finanzieren Bürgerkriegsmilizen und gehen zudem mit Umweltzerstörung und verseuchten Flüssen einher. In der schönen neuen europäischen Welt, Ostende eingeschlossen, kommen davon nur die Endprodukte an. Seht ihr, könnte Leopold II. uns heute aus dem Grab zurufen (oder eher aus der Hölle?), seht ihr, ihr seid auch nicht besser als ich.

PHANTASIEN IM GLÄSERNEN BUNKER (2)

In der dritten Woche seines Aufenthalts – Gregor Korff ist in seinem Manuskript auf Seite 30 angekommen – erwacht er nach einer totenähnlich durchschlafenen Nacht in seinem verglasten Schutzraum ungewöhnlich früh. Die Vorhänge sind zugezogen, aber die Akustik draußen sagt ihm sofort – er ist noch gar nicht ganz wach –, dass es nicht wie üblich halb neun oder neun ist, sondern Stunden früher. Die Armbanduhr, die wie immer direkt auf dem Tischchen neben seinem Bett liegt, zeigt zehn vor sieben an. Sein außergewöhnlich tiefer Schlaf, aus dem er jetzt so früh auftaucht, eigenartig *erquickt*, wie hier das einzig zutreffende Wort lautet, könnte etwas damit zu tun haben, dass in seinem Manuskript gestern endlich der Mann aus London angekommen ist, jener geheimnisvolle ältere Mann, von dem schon die Rede war und der sich nach seiner Ankunft im Hotel Louisa einmietet. Gregor Korff weiß noch nicht, welche Rolle genau er in seinem Roman spielen wird, aber er weiß, dass ohne ihn nichts wirklich vorangeht, weil die Liebesgeschichte zwischen dem Koch und der Kellnerin aus den beiden Restaurants, möge sie auch noch so viele Verwicklungen mit sich bringen, nicht ausreichend ist. Nun hat also der Dritte, der die ganze Romanmaschine erst richtig in Gang bringen wird, wenigstens schon einmal die Überfahrt geschafft.

Abweichend von seiner sonstigen Praxis, zieht der so eigenartig erquickte Gregor Korff die Vorhänge auf, tritt auf seinen kleinen Balkon und schaut über die Promenade hinweg aufs Meer, dem er immer wieder für seine Zuverlässigkeit dankbar ist, egal bei welchem Stand der Gezeiten, und das ihm in diesem Augenblick wieder einmal die Imagination verschafft, die Welt sei gerade erst erschaffen worden. Für ihn ist das Meer unwiderruflich mit den Vorstellungen des Anfangs und des Endes verbunden; das ganze banale Treiben, die ganze Geschäftigkeit dazwischen ist etwas für *Landtreter.*

Dann löst sich sein Blick von der glatten Fläche und richtet sich in Nahdistanz nach unten. Abschied von den archaischen Zuständen des Anfangs und des Endes, Rückkehr in den Zustand der Zivilisation. Auf der Promenade sind schon einige Landtreter unterwegs. Von hier oben lässt sich nicht entscheiden, ob es sich um Leute auf dem Weg zur Arbeit handelt – die aber mehrheitlich vermutlich nicht den Weg über die Promenade nehmen würden –, um schlaflose Alte, die es schon vor Stunden aus dem Bett getrieben hat, um Übriggebliebene aus der vergangenen Nacht oder um seinen Mann aus London, den er gestern am Schreibtisch glücklich hat ankommen lassen. Korff hat die Promenade noch nie so früh gesehen, geschweige, dass er sich um diese Uhrzeit je auf ihr ergangen hätte.

Das holt er jetzt kurz entschlossen nach. Im Nu hat er sich angekleidet und einmal kurz das Gesicht gewaschen und die Haare notdürftig gerichtet. Trotz dieser kosmetischen Eilmaßnahmen könnte er, unten angekommen, durchaus als einer der aus der letzten Nacht Übriggebliebenen gelten – die es hier unten aber gar nicht gibt.

Stattdessen passiert er auf diesem frühmorgendlichen Gang mehrere kleine Gruppen im Gespräch, deren Teilnehmer sich alle dadurch auszeichnen, dass sie einen Hund an der Leine führen. Es sind überwiegend recht ausgeschlafen wirkende Menschen, die meisten von ihnen schon älter, von denen sofort klar ist, dass sie jeden Morgen um diese Zeit mit ihren Vierbeinern hier unterwegs sind und ihre Artgenossen, also andere Hundehalter, vermutlich immer auf derselben oder wenigstens ähnlichen Höhe zum Gespräch treffen. Korff hört nur Flämisch, angeregter Austausch von Neuigkeiten, vielleicht auch Meinungen, das kann er nicht beurteilen, auch wenn er über einen kleinen Grundwortschatz in dieser Sprache verfügt, die er aber besser lesen denn als gesprochen verstehen kann. Um diese Zeit, demonstrieren die Einwohner Ostendes, zumindest soweit sie Hunde haben, um diese Zeit gehört die Promenade uns, den Ortsansässigen.

Später am selben Tag ist Korff im Leopoldpark unterwegs, bei dem nicht ganz klar ist, ob er nach dem ersten oder dem zweiten Leopold oder am Ende nach beiden benannt ist – die Anlage dieses wunderschönen, englisch inspirierten Parks begann schon im Jahr 1860, als noch der erste König der Belgier auf dem Thron saß –, und begegnet auch dort auf seinen Wegen (sie dienen dazu, über seinen Mann aus London nachzudenken und nach und nach dessen Konturen deutlicher zu erkennen) immer wieder Hunden mit Herrchen oder Frauchen, brav angeleint, wie es auch morgens auf der Promenade der Fall gewesen war: nirgends ein kraftvoller Rüde, der im Galopp über den Strand sprengt und Sand aufwirbelt, und auch hier im Park kein Windhund etwa, der im Tiefflug über die Rasenflächen jagt.

Dann, als er auf einer der kleinen Brücken im Park steht und aufs Wasser schaut, fällt ihm auf, dass er in dieser Stadt noch keine einzige Katze gesehen hat. Sicher wird es welche geben, aber sie halten sich im Verborgenen, sie sind nicht die Herrscherinnen des Ortes. Knapp 300 Kilometer weiter nordöstlich, im ebenfalls geliebten (dabei aber nicht »spröden, verhärmten«) Amsterdam, liegt seiner Erinnerung nach auf jeder zweiten Fensterbank eine Katze und verfolgt mit gelangweiltem Blick die Passanten. Ostende aber gehört den Hunden.

Zwei Tage später wird ihm das durch einen französischen

Blog mit Tipps für Low-Budget-Reisende bestätigt, auf den er bei Recherchen im Netz trifft und in dem es gleich am Anfang heißt: »Auf den ersten Blick ist der durchschnittliche Bewohner Ostendes ein Fünfzigjähriger mit einem Hund, der gern Fahrrad fährt.« Gemeint ist natürlich der Fünfzigjährige, nicht der Hund. Dass in der westeuropäischen Ebene das Fahrrad das privilegierte Fahrzeug ist, versteht sich von selbst. Die Wahl des Lieblingshaustieres dagegen scheint von regionalen Besonderheiten geprägt zu sein. Unter Umständen folgt sie auch einem Gefälle zwischen Metropole und Provinz. Das zu untersuchen, denkt Gregor Korff an diesem Vormittag bei seinem Gang durch den Leopoldpark, wäre so eine typische Aufgabe, mit der ein Soziologe oder Kulturwissenschaftler an der Universität seine Studenten betrauen könnte.

DIE KÖNIGIN DER SEEBÄDER

Vor Jahren stieß ich in der Grabbelkiste eines Bamberger Antiquariats auf eine Broschüre mit dem Titel *Ostende, die Königin der Badeorte*. Es versteht sich, dass meine Suche etwas ganz anderem gegolten hatte, denn solche Preziosen lassen sich zwar finden, aber nicht suchen. Das im grünen Pappband gebundene Büchlein verzeichnete kein Publikationsjahr, sondern vermerkte lediglich, dass es aus der »Hofdruckerei Kapellenstraße 105, Ostende« kam. Bis heute ist die Kapellestraat die Hauptgeschäftsstraße der Stadt. Die reichhaltigen Illustrationen in dem Büchlein verwiesen unmissverständlich auf ein Ostende, das spätestens nach der deutschen Okkupation 1940 untergegangen ist.

»Ostende war jederzeit der Lieblingskurort der belgischen Königsfamilie«, heißt es zu Anfang. »S. M. Leopold II. und die Prinzessin Clementine verbrachten hier den ganzen Sommer. S. M. König Albert und unsere liebenswürdige und geliebte Königin weilen hier oft und stets längere Zeit mit ihren Kindern.« Mit dieser Angabe lässt sich das Erscheinungsjahr der Broschüre einigermaßen eingrenzen. Leopold II. war im Dezember 1909 gestorben; infolge fehlender männlicher Nachkommenschaft übernahm sein Neffe Albert, damals vierunddreißig Jahre alt, sechs Tage später als Albert I. den Thron. Die Quellen vermerken, dass er der erste König der Belgier war, der seinen Eid auf die Verfassung – erst danach wird man König der Belgier, die Losung *Der König ist tot, es lebe der König* gilt in Belgien nicht – nicht nur auf Französisch, sondern auch auf Flämisch leistete. Die namentlich nicht genannte »liebenswürdige und geliebte Königin« war die Wittelsbacher-Prinzessin Elisabeth Gabriele in Bayern, die Albert im Jahr 1900 geehelicht hatte. Da von Kriegsereignissen in dieser Broschüre nirgends die Rede ist und sie im Übrigen explizit um deutsche Badegäste wirbt, muss sie also zwischen 1910 und 1914 erschienen sein, vor dem ersten deutschen Überfall auf Belgien und in den letzten Jahren jener etwa dreißigjährigen Zeitspanne, für die sich in West- und Mitteleuropa der liebevolle Name *Belle Époque* eingebürgert hat. Albert I. war übrigens im Gegensatz zu seinem Onkel wegen seines völlig anderen Regierungsstils wirklich beliebt und seine Gemahlin ebenso; die Verfasser der Broschüre mussten hier keine Verrenkungen machen. Er ist sogar bis heute die Lichtgestalt der belgischen Monarchie, was wesentlich mit seinem Verhalten im Ersten Weltkrieg zusammenhängt; dazu später. Nach ihm ist auch die Promenade benannt, die vom Zeeheldenplein bis zum Casino und Kursaal und noch ein Stück darüber hinaus führt. Bis zum direkten

Blick aufs Meer hat es der finstere Leopold II. im Gedenken der Stadt dann doch nicht geschafft.

Die Broschüre ist reich bebildert und zeigt, dass die Promenade schon früher mit relativ hohen Bauten bestückt war, nur dass es sich nicht um die heutige Glasarchitektur handelte, sondern um eine dichte Front von Grandhotels im Stil des Historismus und des Neoklassizismus. Einige Seiten des Büchleins sind Anzeigen von Hotels vorbehalten, angeführt von jenem Hotel de l'Allemagne, in dem schon Jahrzehnte zuvor Dr. Hartwig während der Saison residierte.

Bevor das Büchlein sich den medizinischen Wohltaten des Aufenthalts in Ostende widmet, singt es ein ausführliches Loblied auf den Wohlstand und die Mondänität der Stadt. Anders als noch bei Dr. Hartwig sechs Jahrzehnte zuvor, nimmt dieses Hohelied des Hedonismus einen Großteil der Publikation ein. Einer »der herrlichsten und grossartigsten Kurorte des Continents« sei Ostende, heißt es, und weiter: »Im Sommer, während der Badesaison, ist es eine der glänzendsten Städte Europas; der beliebte Aufenthalt einer kosmopolitischen Gesellschaft, der Treffpunkt der eleganten Welt.« Ausführlich werden die Blicke aufs Meer bei einem Spaziergang über die Promenade ebenso beschrieben wie die Pracht und die Möglichkeiten des Kursaals mit dem Spielklub, dem Tanzsaal, dem Lesesaal, weiter »die Correspondenz-, Conversations- und Musiksääle, die für Ausstellungen jeder Art bestimmte Halle, die Billardsääle, die eigenen Post-, Telegrafen- und Telephonämter, – die königliche Loge, der allerliebste Salon Leopold II. u. a. m. Letztgenannter ist ein Meisterwerk modernen Geschmackes.« Verwiesen wird selbstverständlich auf die täglichen Konzerte der Kurkapelle und auf die vielfältigen sportlichen Ereignisse und Möglichkeiten, die wie in Prousts Schilderungen der Saison in Balbec eine erhebliche Rolle spielen:

Pferderennen auf dem Hippodrom Wellington, Tennis, Polo, Taubenschießen. »Ostende veranstaltet auch jeden Sommer Auto-Rennen und Tourenfahrten desgl. Aeroplanflüge. Es ist bekannt, dass die Landstraßen an der belgischen Küste für Autosport eigens makadamisiert sind.« Die Geschwindigkeit und Technisierung des Sports, die Faszination durch die Überwindung vorher für unüberwindbar gehaltener Grenzen entsprechen dem Zeitgeist; fast zeitgleich veröffentlicht Kafka in der Beilage der Prager Zeitung seinen Text *Die Aeroplane in Brescia*.

Auch Wassersportler kommen in Ostende bereits auf ihre Kosten durch Motorbootrennen, Segel- und Ruderregatten, Schwimmwettbewerbe und Wasserpolo. Nicht zu vergessen sind schließlich Fechtwettbewerbe, »woran die bekanntesten Fechter des Landes teilnehmen. Endlich findet man in der nächsten Umgebung von Ostende, im Haan, eine grossartige Anlage für das so beliebte Golfspiel.«

Wenn ich gesagt habe, das alte Ostende sei 1940 untergegangen, so heißt das nicht, alle Spuren jener glanzvollen Zeit seien getilgt. Im Gegenteil sind Relikte und Zeugnisse dieser Zeit überall zu finden und stechen umso mehr ins Auge, als sie sich in unmittelbarer Nachbarschaft der freundlichen Hässlichkeit des modernen Ostende befinden. Wer sich der Stadt nur als Badegast, nicht aber zugleich als Archäologe und Historiker nähert, verfehlt nicht nur ihre Vergangenheit, sondern auch ihr Heute. Er wird sich jene Momente massiver Melancholie nicht erklären können, die die Straßen und Plätze nicht nur im Winter, sondern manchmal auch an einem strahlenden Sommertag oder in der sehr späten Junidämmerung hervorrufen können. Dann scheint augenblicksweise aus den tieferen Schichten der Stadt die Trauer um die verlorene Größe aufzusteigen. *Mein* Ostende ist vielleicht mehr noch durch diese Schichten bestimmt und durch die Phantasien, die ich darüber entwickle, als durch die Transparenz der heutigen Stadt, in der es fast unmöglich ist, sich dauerhaft zu verirren.

DIE OASE DER MINDEREN BRÜDER

In der Broschüre aus der Belle Époque wird die elegante Welt nach Aufzählung aller standesgemäßen Möglichkeiten des Amüsements auch dazu angeregt, einen voyeuristischen Blick aufs Volk zu werfen, denn: »Man kann sich kaum etwas Interessanteres in Bezug auf Volkstypen und Volksleben vorstellen, als das Fischerviertel von Ostende. (…) Am Fischerhafen ist das malerische Treiben der Fischer-Bevölkerung besonders interessant und lohnend zum Studium [von] deren Sitten und Gewohnheiten. In der Fischhalle, die von Fremden gern besucht wird, findet täglich die Versteigerung der massenweise durch die Fischerboote eingebrachten Fische statt. Hier herrscht ein interessantes Leben und Treiben!«

Man sieht, dass die Tourismusbranche in diesen Jahren, da Belle Époque und Moderne sich miteinander vermählen, schon auf dem neuesten Stand ist. Sehr viel ist seitdem nicht dazugekommen, zumindest nicht auf der sprachlichen Darstellungsebene. Auch der leicht exotische Blick aufs »einfache Volk«, in diesem Fall die Fischer, hat sich bis heute nicht wesentlich verändert. Nur die Möglichkeiten, es zu fotografieren und abzuspeichern, haben sich deutlich verbessert.

Das Fischerviertel, dessen Leben und Treiben die Broschüre dem Touristen als pittoreske Delikatesse anempfiehlt, zog sich vom heutigen Visserskaai mit dem Fischmarkt über die Cirkelstraat bis zum Mijnplein, war also mittendrin, was bei einer Stadt, die vom Fischfang lebte, nicht weiter verwunderlich ist. Im Jahr 1615 erteilte die Stadtverwaltung den Kapuzinern, die sich in der Stadt anzusiedeln begannen, die Genehmigung, in diesem Viertel eine Kirche und ein Kloster zu bauen. Der Grundstein für die Kirche wurde 1618 gelegt. Zwei Jahre später wurde sie eingeweiht; mit dem Bau des Klosters begann man 1621. Größere Bauprojekte wurden damals offensichtlich zügig vollendet.

Seit diesem Zeitpunkt lebten und wirkten die Kapuziner, ein Orden, der heute mit großen Nachwuchssorgen zu kämpfen hat, in Ostende.

Da ich nie katholisch war und zu meinem großen Glück auch nur ein paar Jahre evangelisch, da ich mich auch später nie, und sei es nur für eine kurze schwärmerische Phase, anderen Religionen hingegeben und nicht mal einen Zen-Meister aufgesucht habe, sondern dann doch lieber zu einem Psychoanalytiker gegangen bin, kann ich die Tätigkeit von Mönchen und Mönchsorden, die mich schon früh fasziniert hat, jederzeit mühelos von ihrem religiösen Gerüst ablösen, wie etwa das Fleisch einer Seezunge oder einer Scholle von ihrem Grätenskelett, um im maritimen Milieu zu bleiben. Mein Blick reichte dabei von einem eher exotisch gefärbten Interesse, wie bei der Lektüre von Ecos Klosterroman, der seine herausragende Stellung als Klassiker unter den Religions- und Mittelalterschmökern wahrhaft verdient hat – vorausgesetzt, man schafft es über die recht zähen ersten hundert Seiten hinaus –, bis zu einer weitreichenden und andauernden Faszination etwa für eine Gestalt wie Franz von Assisi, die kein Autor je glaubhaft erfinden könnte, sondern die nur das sogenannte wirkliche Leben hervorbringt.

Die Kapuziner sind aus seinem Geist entstanden, als ein Erneuerungsversuch des Franziskanerordens, der wie alle Organisationen nach einer gewissen Zeit Fett und Patina angesetzt hatte. Die Geschichte ist abenteuerlich, wie so vieles im Mönchswesen; Eco wusste schon, wo Stoff für einen ordentlichen Schmöker zu finden war.

Der Versuch ging zunächst von einem einzelnen Mönch des Ordens aus, Mateo de Bascio, von dem es in der Ordensgeschichte übrigens heißt, er sei »mittelmäßig begabt« gewesen. Dieser Durchschnittsmönch setzte sich für die Rückkehr zur ursprünglichen Einfachheit und Regel ein und verließ, da er damit vorhersehbar keinen Erfolg bei seinen Mitbrüdern hatte, 1525 heimlich sein Kloster, um wie einst Franziskus als Wandermönch durch die Welt zu ziehen. Dafür holte er sich sogar die mündliche Billigung des Papstes ab, der zum Trotz seine Mitbrüder ihn gefangen setzten. Aufgehoben wurde die Gefangennahme durch die Intervention von Caterina Cybo, Herzogin von Camerino und Nichte von Papst Clemens VII., die Mateo während der Pestzeit in ihrem Herzogtum als aufopferungsvollen Helfer zu schätzen gelernt hatte. In der Folge flohen zwei weitere Brüder aus Mateos ehemaligem Kloster, zu denen sich später noch ein anderer gesellte. Zeitweise versteckten sich die vier in den Bergen, entkamen verkleidet einer weiteren Verfolgung, halfen bei einer neuerlichen Pest in Camerino und erhielten schließlich auf erneute Intervention der Herzogin bei ihrem Onkel von Clemens VII. die kirchliche Anerkennung. Was für ein Stoff! Leider gab es keinen zeitgenössischen Stendhal oder Balzac, der sich seiner angenommen hätte.

Mit der Bulle *Religionis zelus* vom 3. Juli 1528 wurde der Kapuzinerorden gegründet und erhielt sofort eifrigen Zulauf. Die Intrigen seitens des alten Ordens der Franziskaner hörten zwar nicht auf, und der Streit wurde erst achtzig Jahre später durch die päpstliche Anerkennung der Eigenständigkeit der Kapuziner beigelegt, deren korrekter Name »Orden der Minderen Brüder Kapuziner« ist: *Ordo Fratrum Minorum Capucinorum*. Bis dahin aber hatten sie sich längst in der Bevölkerung verankert. Bis 1574 nur in Italien tätig, waren sie fünfzig Jahre später überall im katholischen Europa nicht nur präsent, sondern auch beliebt, weil die äußere Zurschaustellung ihrer Religiosität in Form etwa von öffentlichen Gottesdiensten oder Teilnahme an Prozessionen zugunsten der praktischen Arbeit für die Armen völlig in den Hintergrund trat.

So auch in Ostende. Im Durchschnitt fünfundzwanzig Kapuziner wirkten dort fast zwei Jahrhunderte lang im Fischerviertel. Bis heute leben und arbeiten die Minderen Brüder immer in relativ kleinen Gruppen, so ist es in ihrer Regel vorgesehen. In Ostende fanden sie immer auch die Unterstützung der Stadtverwaltung, der sie schließlich viel eigene Arbeit abnahmen: ein Modell der sozialen Tätigkeit, das bekanntlich bis heute in vielen Ländern der Welt verbreitet ist. Nicht nur um die Fischer, auch um Schiffbrüchige und die Hinterbliebenen von Seeleuten, die nicht mehr zurückkamen, kümmerten sich die Kapuziner. Während der Pest 1666 in der Stadt standen sie ihrer Tradition gemäß an der Seite der Kranken und Sterbenden.

Lange Zeit bildeten die Kapuziner die einzige Klostergemeinschaft in Ostende. Bis 1797 waren sie in der Stadt tätig, dann wurden sie von den französischen Revolutionstruppen enteignet und vertrieben. Die Kirche und das Kloster wurden öffentlich versteigert. Zum Glück kauften einige Ostender Bürger die Kirche zurück, um sie als geistlichen Ort zu erhalten. Das Kloster wurde 1798 verkauft und in der Folge abgerissen; da waren die Kapuziner aus Ostende schon verschwunden. Sie kamen nicht mehr zurück, aber ihre Kirche wurde erhalten. Sie ist ein unscheinbarer Zufluchtsort mitten in der Stadt, eine Schutzoase auf dem Weg vom Meer ins Zentrum, etwa zum jeden Donnerstag stattfindenden Gemüsemarkt nur knapp hundert Meter weiter. Sehr viele Besucher gibt es hier zu keiner Tageszeit; nicht selten hat man das Glück, der einzige zu sein, durchaus im Geiste der Minderen Brüder, die in ihren Konstitutionen festgelegt hatten, dass nahe bei einem Kloster immer auch ein oder zwei Einsiedeleien zu unterhalten seien.

Die Kirche ist nichts Besonderes und weder durch ihre Größe noch durch ihre Ausstattung darauf angelegt, zu beeindrucken oder gar einzuschüchtern. Ein flämischer Text bezeichnet sie sogar konsequent als *kerkje*, also als Kirchlein. Die künstlerischen Arbeiten darin entstammen verschiedenen Jahrhunderten, sodass insgesamt sich fast so etwas wie ein Sammelsurium präsentiert: ein freundliches, den Besucher begrüßendes Sammelsurium aber. Die Künstler sind mehrheitlich unbekannt, wie es sich für die frühe Kirchenkunst gehört. Die Bilder des Kreuzwegs auf der linken Seite dagegen sind 1870 entstanden, geschaffen von Ferdinand Callebert aus dem westflandrischen Roeselare, also von einem Künstler aus der Region. Der Eichenholzaltar zeigt unter anderem ein Bild von Franz von Assisi; das kann auch als Hinweis auf den Ursprung und die Geschichte des Kapuzinerordens gelesen werden. Es fehlen natürlich die Bildnisse der beiden Schutzheiligen Ostendes nicht, Petrus und Paulus, eine etwas langweilige Kombination, wie ich finde, obwohl Petrus als Fischer hier selbstverständlich seinen angestammten Ort hat.

Ein Altar an der Seitenwand des zweiten Schiffes, das rund zwanzig Jahre nach dem ursprünglichen Kirchenbau hinzugefügt wurde, ist dem heiligen Antonius gewidmet, womit wir wieder beim Fischervolk wären. Antonius ist bekanntlich der Heilige, den man unter anderem anrufen kann, um Verlorenes wiederzubekommen, mehr noch: der vielleicht auch verlorene Menschen zurückbringen kann. Schon ab 1698 wurde jeden Dienstag eine Messe zu Ehren dieses freundlichsten Heiligen des katholischen Universums gelesen, und das ist bis heute so geblieben. Diese besondere Verehrung in dieser besonderen Kirche hatte ihren handfesten Grund. Bis etwa 1934 war das Viertel zwischen der Kapuzinerkirche und dem Kai das wirkliche Fischerviertel in Ostende. Die Fischerfrauen kamen hier oft zum Gebet und opferten zu Ehren des heiligen Antonius, in der Hoffnung, dass ihre Gatten wohlbehalten im sicheren Hafen ankommen würden. Auf diesen Zusammenhang verweisen auch die Modellfischerboote, die in dem »Kirchlein« ausgestellt sind und vom gefährlichen Leben draußen auf dem Meer erzählen.

Ein winziges Detail macht für mich den entscheidenden Unterschied zwischen dieser kleinen Oase in der Stadt und der eigentlichen Hauptkirche Ostendes aus, Peter und Paul gewidmet und nach ihnen benannt. Um die Letztgenannte zu betreten, muss man ein paar Treppenstufen hinaufsteigen. Die Kapuzinerkirche dagegen kommt ohne diese kleine, Ehrfurcht gebietende Architekturgebärde aus. Den Minderen Brüdern ist jeder Gast willkommen – auf Augenhöhe.

Auf diese Art willkommen ist man auch im *Leeshuus* fünfzig Meter weiter, im Lesehaus also. Draußen besagt ein Schild: »Ceci n'est pas un café, maar veel meer.« Dass der Besucher den Magritte-Bezug erkennt, wird stillschweigend vorausgesetzt. Drinnen kann man zu den Öffnungszeiten Getränke bekommen – nicht nur alkoholfreie – und in den Regalen voller Bücher stöbern, um sich, wenn man die passende Lektüre gefunden hat, damit an einen Tisch zu setzen. Ich war an einem Donnerstagvormittag dort, direkt nach meinem Besuch bei den Kapuzinern. Gegenüber dem Café, das keins sein will, sondern viel mehr, war der Gemüsemarkt in vollem Gange. Aber nicht nur der, sondern auch das Café war voll, so sehr, dass ich im ersten Moment, gerade nach der Stille in der Kapuzinerkirche, versucht war, die Flucht zu ergreifen. Ich fand dann doch einen Platz an einem Tisch am Fenster, bestellte mir einen Milchkaffee und fischte aus der kleinen deutschsprachigen Abteilung Stefan Andres' *Der Knabe im Brunnen* und eine Buchklubausgabe von Bölls *Billard um halb zehn* heraus, schwarzer Umschlag, weiße Schrift. Eine ebenso gestaltete Ausgabe aus demselben Buchklub, so erinnerte ich mich, hatten wir zu Hause vom *Brot der frühen Jahre*. Eine Zeit lang hielt ich die beiden Bücher einfach nur in der Hand und sah nach draußen auf den sonnendurchstrahlten Vormittag.

Das *Leeshuus* hatte ich am Abend zuvor auf der Suche nach einem Restaurant entdeckt. Um diese Zeit war es schon geschlossen. Ein Zeitungsartikel – auf Flämisch selbstverständlich –, der im Fenster hing und den ich leicht frierend draußen vor der Tür studiert hatte, hatte mich darüber aufgeklärt, dass hier Ehrenamtliche arbeiteten, dass man die Bücher im Café lesen und bei Gefallen auch billig kaufen konnte, selbstverständlich auch selbst welche stiften, und dass aus so mancher Erbschaft und privaten Bibliotheksauflösung durchaus echte Perlen zu finden waren, wie sich einer der Interviewten ausdrückte. Die Initiative selbst ist ein Produkt von City Care Plus, einer landesweiten unabhängigen Organisation, die sich um hilfsbedürftige Menschen kümmert, vor allem auch um Alleinlebende, die zu Hause versorgt werden und denen so das Heim bis auf Weiteres erspart bleibt. Es handelt sich gewissermaßen um die Minderen Brüder unserer Zeit, insofern war meine Route am nächsten Morgen nur folgerichtig.

Während ich in dem Buch von Stefan Andres (dem ich zuletzt vor mehr als fünfzig Jahren in einem oder mehreren unserer Deutsch-Lesebücher begegnet war) blätterte und beim Blick auf die schwarz-weiße Böll-Ausgabe voller Wohlwollen an meine letzten Schuljahre zurückdachte, jene wunderbaren Jahre, als ich sechzehn siebzehn achtzehn gewesen war, ging der Lärmpegel, der geherrscht hatte, als ich das Café betrat, nach und nach zurück. Es wurde nicht gerade still, kein Vergleich mit dem *kerkje* vor einer halben Stunde, aber man hätte jetzt tatsächlich den Versuch machen können zu lesen. Auch die allgemeine Bewegung im Raum beruhigte sich, als habe endlich jeder seinen Platz gefunden, und ich selbst bat eine der Mitarbeiterinnen, kaum jünger als ich selbst – nur die Alten haben selbstverständlich die Zeit, ehrenamtlich zu arbeiten, die Jüngeren müssen noch Geld verdienen –, für einen Augenblick bei mir Platz zu nehmen und mir einige Fragen zu beantworten, wenn sie könne. Sie werde es versuchen, sagte sie und ließ sich nieder.

Hier folgt alles, was ich von Françoise erfahren habe.

Sie ist schon als Kind mit ihren Eltern immer zum Badeurlaub hierhergekommen und lebt jetzt seit Langem in der Stadt. Ostende ist deshalb ihr Zuhause, weil es Licht, Sommer und Kindheit bedeutet. Die meisten Ostender, sagt sie, hängen sehr an ihrer Stadt und sind sesshaft. Dass es deutlich mehr alte als junge Leute auf den Straßen gebe, hänge nicht so sehr mit der Abwanderung der Jungen zusammen, von denen viele nach dem Studium zurückkehrten, sondern mit der Zuwanderung von Rentnern aus Brüssel, Antwerpen und anderen Städten, die Ostende als Ort ihres Ruhestands ausgesucht haben und über genügend Geld verfügen, sich eine der Wohnungen an der Promenade zu kaufen. Allerdings, fügt sie hinzu, sind die gar nicht so empfehlenswert, trotz des herrlichen Meerblicks. Denn der Wind drückt ohne Pause auf die riesigen Fensterscheiben, weil er schließlich zumeist vom Meer kommt und bis dahin freie Fahrt hat; nichts hält ihn auf. Sie hat sich deshalb eine Wohnung in einer der Seitenstraßen gekauft, von der aus sie noch immer das Wasser sehen kann, aber nicht mehr vom Wind bestürmt wird.

Daran habe ich nicht gedacht bei meinen Phantasien im gläsernen Bunker, damit wird sich von nun an auch Gregor Korff auseinandersetzen müssen.

Die Touristen, erzählt Françoise, kommen außer aus Deutschland und England zum einen natürlich aus der Wallonie, aus dem Landesteil, dessen Hegemonie vor einem guten halben Jahrhundert zu Ende ging. Daraus lässt sich leicht die Erzählung von den bejammernswerten ehemaligen Bergleuten und Stahlkochern entwickeln, die noch nie das Meer gesehen haben und nun endlich, spät, ihren Traum erfüllt sehen und mit ihren Enkeln zusammen in einem der Restaurants auf der Promenade *moules frites* essen und etwas schüchtern aufs Wasser schauen. Die Touristen kommen aber zu einem erheblichen Teil auch aus Nordfrankreich: aus dem Pas-de-Calais und aus Lille, das schließlich die inoffizielle Hauptstadt des französischen Flandern ist. Von dort aus ist man viel schneller an der belgischen Küste als etwa an der normannischen, von der bretonischen ganz zu schweigen. Und wenn auch Ostende nicht mehr die Königin der Seebäder ist, ist es doch freundlicher, ja hedonistischer als Calais oder Dünkirchen.

Ja, die Engländer, sagt Françoise, als ich auf Erfahrungen und Begegnungen von früher zu sprechen komme. Seit der Fährverkehr eingestellt ist, sind es natürlich nicht mehr so viele wie früher, als sie durch die Straßen zogen, gern auch angetrunken und nicht gerade leise. Aber es gibt neuerdings Überlegungen, sagt sie, eben diesen Fährverkehr wieder aufzunehmen. Angesichts des Brexits haben diese Pläne allerdings einen erheblichen Dämpfer bekommen.

Ihr ist es egal, sie ist ganz zu Hause hier und wiederholt noch einmal: »Ich liebe die Stadt seit meiner Kindheit. Und jetzt muss ich wieder arbeiten«, lächelt sie und verlässt mich, da sich in der Tat das Café mit neuen Gästen füllt, einige schon erschöpft von Einkäufen, andere vor allem durstig und einzelne tatsächlich auf der Suche nach dem richtigen Buch.

Vielleicht findet sich eines Tages auch der Kriminalroman von Gregor Korff in den Regalen des *Leeshuus,* von ihm selbst gestiftet. Vorerst ist er zu seinem alten Rhythmus zurückgekehrt: keine frühen Gänge über die Promenade, sondern konzentrierte Arbeit hinter geschlossenen Vorhängen.

In den ersten Tagen hat er gar nicht gemerkt, wie unablässig der Wind vom Meer auf die Fensterfront drückt. Er war so glücklich darüber, endlich einmal einen ganzen Sommer in Ostende verbringen zu können, dass er zwar dann und wann, während er am Schreibtisch saß, ein drängelndes, gleichsam anklopfendes Geräusch wahrgenommen hat, es aber in keinen Zusammenhang bringen konnte. Es hat ihn auch nicht gestört. Erst als er nachts einmal davon wach geworden ist, obwohl seine Schlafkoje wie eine geschützte Nische innerhalb des Appartements noch hinter dem Bad liegt, hat er begriffen, dass seine Bleibe, ebenso wie alle benachbarten, einem ständigen Ansturm vom Meer her ausgesetzt ist. Aber schließlich hält die ganze kilometerlange Wohnfront an der Promenade stand, auch seine bescheidene Behausung, ja, die permanent abprallende Attacke zeigt sogar, wie geschützt er hier in Wahrheit ist und dass bessere Bedingungen für das Gelingen seines Romans als diese kaum denkbar sind. Und das ist wichtig, es ist sein erstes eigenes Buch, denn das andere, das vor etlichen Jahren unter seinem Namen erschienen ist, hat in Wirklichkeit ein Ghostwriter geschrieben.

Der Mann aus London, den er vor ein paar Tagen hat anreisen lassen und der im Hotel Louisa abgestiegen ist, scheint auf den ersten Blick nur Urlaub machen zu wollen. Er badet nicht, geht aber gern über den Strand in diesen schönen Sommertagen, schleicht sich trotz seiner fast massigen Gestalt überraschend leichtfüßig zwischen den auf ihren Decken lagernden Badegästen hindurch, den Blick dabei entweder aufs Meer gerichtet oder aber die Augen züchtig niedergeschlagen und den Kopf leicht gesenkt, um nicht als Spanner zu gelten, wobei er an eine sehr amüsante Passage aus Italo Calvinos *Herr Palomar* denken muss. Er möchte möglichst unsichtbar bleiben, fällt aber den auf ihren Decken Lagernden umso deutlicher auf in seinem hellen Leinenanzug, seinen Segelschuhen und unter seinem Panamahut, dessen Krempe seine genaue Blickrichtung verbergen hilft.

Am Strand geht er immer leicht gebückt, auf der Promenade dagegen in aufrechter Haltung. Er lächelt den Familien zu, die in ihren gemieteten Tret-Gokarts in zwei oder drei Reihen hintereinander sitzen und fröhlich lärmend vorwärtsstrampeln, studiert die Speisekarten und die Tagesangebote und trinkt am späten Vormittag einen Espresso in einem der Cafés an der Promenade. Er wandert ins Stadtinnere, begutachtet in der Kapellestraat die Reihe der Modefilialisten, ohne dass eins dieser Geschäfte ihn reizen könnte, und studiert die Auslage bei der Ostender Niederlassung von Neuhaus, Pralinen seit 1857, und zwar wirklich feinste Handarbeit, keine Massenware in Muschelform.

So geht das einige Tage, bis er sich an die Fersen des Kochs heftet. Er begleitet ihn in angemessenem Abstand zur Arbeit, folgt ihm auf seinen Gängen in den Pausen, schleicht ihm nachmittags auf seinem Heimweg oder an den Strand oder ins nächste Café nach und abends erneut auf dem Weg zum Restaurant. Leider hat der Koch in seinen freien Stunden keine gleichförmigen Abläufe, man muss also wachsam bleiben, wenn man seine Spur nicht verlieren will. Schließlich beobachtet der Mann aus London ihn nach Feierabend auf seinem Weg zur Kellnerin und wartet die entscheidende Frage ab: zu ihr oder zu ihm, was sich im abendlichen Vergleich in etwa die Waage hält. An dieser Stelle entscheidet Korff, dass die beiden endlich Namen brauchen, und nennt sie Louis und Olivia, nachdem er Konstruktionen wie Abélard und Héloise oder Scott und Zelda als reichlich manieriert, ja geradezu als verstiegen verworfen hat.

Der Mann aus London dagegen darf noch eine Weile seine Anonymität bewahren und der Mann aus London bleiben. Nachdem er über Louis alles erfahren hat, was ihm wichtig schien, lässt er sich wieder einige Tage lang in der schon geschilderten Art durch die Stadt treiben. Weil er im Hotel Louisa wegen neu ankommender und angemeldeter Gäste – ein ganzer Clan aus der Wallonie – nicht mehr verlängern kann, wechselt er ins Hotel Bero und bucht dort für zehn Tage. Dann mietet er sogar einen Strandliegestuhl, und die wechselnden Badegäste sehen von nun an jeden Tag den älteren Herrn, der sich gegen halb drei in seiner halb hochgestellten Liege niederlässt, mit Panamahut, Sonnenbrille und leicht hochgekrempelten Hosenbeinen, dann seine Segelschuhe abstreift und die nackten Füße in den aufgewärmten, herrlichen Sand der belgischen Küste gleiten lässt und den Blick aufs Meer richtet, oder auf den in diesen Tagen unerschütterlich blauen Himmel.

Man sollte, denkt der Mann aus London (schreibt Gregor Korff), vielleicht nicht ein so einprägsames Bild abgeben, wenn man vorhat, was ich vorhabe. Aber nur wenige Leute schauen überhaupt hin, und die vergessen wieder, beruhigt er sich und lässt die Zehen im Sand spielen.

VOM SAND

»Nirgends ist der Strand so schön und eben«, hatte Dr. Hartwig schon 1845 Ostende gelobt, und dieses Lob lässt sich ohne Weiteres auf die gesamte belgische Küste ausdehnen. Feiner Sandstrand, wo man auch geht oder steht oder liegt, dem Sonnenbadenden ebenso wohltuend wie den nackten Füßen des Strandläufers. Man muss sich nicht auf spitzen kleinen Steinen ans Meer herantasten wie etwa an englischen Küsten, und der Strand ist breit genug, um selbst in der Hochsaison allen Platz zu bieten: so demokratisch wie die brutale Architektur in seinem Rücken.

Vielleicht war ich nie zur richtigen Zeit da, aber das Ritual des Strandburgenbaus habe ich bei meinen Besuchen in Ostende nicht beobachten können, obwohl die belgische Küste durchaus vor allem Familienterritorium ist und also ausreichend Väter mit Kindern zu sehen sind. Auch kann man in den Geschäften entlang der Promenade sehr wohl Schäufelchen und ähnliches Zubehör kaufen. Zudem gelten die Belgier, soweit es um ihren eigenen Grund und Boden und ums eigene Haus geht, als hingebungsvolle Bastler, Renovierer und Verzierer, beinahe als Europameister der *bricolage*. Fahren sie vielleicht ans Meer, um sich am Strand von den Heimarbeiten zu erholen, und können keine Schaufel und keine Kelle mehr sehen? Oder sollte der Bau von Strandburgen eine deutsche Spezialität sein? Jedenfalls finde ich online weder in einem niederländischen noch in einem französischen Wörterbuch eine Entsprechung für *Strandburg*, auch nicht in einem englischen, das mir stattdessen *Strasburg wurstsalat* vorschlägt. Dabei gibt es hier Sand *wie Sand am Meer*, unerschöpflich. Dass

Sand eine überaus begehrte und deshalb knappe Ressource für den Bau von Häusern, Straßen, Flughäfen und anderen Projekten geworden ist und eine weltweit operierende Sandmafia ganze Strände plündert, dass mit Sand seitens der organisierten Kriminalität ein höherer Umsatz gemacht wird als mit Kokain, ist hier nicht zu spüren.

Der schöne Sand der belgischen Küstenlinie ist bisher noch nicht zum Objekt der bauwirtschaftlichen Begierde geworden. Im besonderen Fall mag das auch daran liegen, dass diese Küste bereits so zugebaut ist, dass für neues Bauen kein Platz mehr ist. Mit anderen Worten: Hier ist die Urbanisierung schon seit Langem abgeschlossen, und das gilt nicht nur für die Küste, sondern weitgehend für das ganze Land, das nach den Kleinstaaten Monaco, Vatikanstadt, Malta und San Marino und nach den Niederlanden das am dichtesten besiedelte Land Europas ist. Noch also kann man im belgischen Küstensand friedlich in den Himmel schauen, das zugebaute Land im Rücken, und »sein, sonst nichts, ohne alle weitere Bestimmung und Erfüllung«, als befinde man sich im Paradies.

PARADIES / SATORI

Die Genesis handelt das Wasser relativ schnell ab. Zwar scheidet Gott schon am dritten Tag das Wasser vom Festland, denn er spricht: »Es sammle sich das Wasser unter dem Himmel an besonderen Orten, dass man das Trockene sehe. Und es geschah so. Und Gott nannte das Trockene Erde, und die Sammlung der Wasser nannte er Meer. Und Gott sah, dass es gut war.«

Am fünften Tag wendet sich Gott noch einmal dem Wasser zu und stattet es mit Tieren aus, wörtlich spricht er: »Es wimmle das Wasser von lebendigem Getier, und Vögel sollen fliegen auf Erden unter der Feste des Himmels.« Vom lebendigen Getier im Wasser wird namentlich nur der Wal genannt, und die Belebung des Wassers mit Tieren findet ohnehin nur im Zuge der gleichzeitigen Belebung des Himmels statt, der selbstredend schon einen Tag vor dem Meer, am zweiten Tag nämlich, geschaffen wurde. Der Himmel ist mehr wert als das Meer, versteht sich, denn da oben wohnt schließlich Gott selber. Nachdem Meer und Himmel mit ihrer Fauna versorgt sind, wendet sich Gott am sechsten Tag dann den Tieren der Erde zu, die am gleichen Tag geschaffen werden wie der Mensch. Danach ist Sonntag.

Später bekommt Adam seine Gefährtin, mit der er im Paradies lebt. Das Paradies ist ein Garten, der zwar durch einen Strom bewässert wird, welcher sich in vier Arme teilt, aber sonst spielt das Wasser in ihm keine Rolle, denn Gott der Herr hat den Menschen in den Garten Eden gesetzt, »dass er ihn bebaute und bewahrte«, und nicht etwa, dass er sich an den Ufern des Euphrat oder des Tigris in die Sonne lege.

Dann folgt Eva und mit ihr der Sündenfall, Kain erschlägt seinen Bruder und zeugt Nachkommen, die wiederum Nachkommen zeugen, die wiederum Nachkommen zeugen und so weiter. Auch Adam zeugt noch einmal einen Sohn, Seth, der wiederum Nachkommen zeugt und immer so weiter, siehe das Geschlechtsregister von Adam bis Noah (1. Mose 5), und das alles, wohlgemerkt, spielt sich auf dem Trockenen ab, auf der Erde, die dem Planeten auch bis heute seinen Namen gibt, obwohl seine Fläche zu 71 Prozent aus Wasser besteht. Erst als Gott die Bosheit der Menschen nicht länger erträgt, spielt das Wasser wieder eine Rolle: in Gestalt der Sintflut, also der

Katastrophe. Die dauert nicht vierzig Tage, wie allgemein angenommen, sondern genau genommen einundsechzig, denn Noah schickt eine Taube aus, die wieder in die Arche zurückkommt, da sie »nichts fand, wo ihr Fuß ruhen konnte«. Noah wartet dann weitere sieben Tage und schickt erneut eine Taube aus, die abends mit einem Ölbaumblatt zurückkehrt, ein Indiz, »dass die Wasser sich verlaufen hatten auf Erden«. Noah aber, ein umsichtiger Mann, »harrte noch weitere sieben Tage und ließ eine Taube ausfliegen, die kam nicht wieder zu ihm«.

Was bedeuten soll, dass die Katastrophe vorüber ist. Gottes Verheißung danach gilt allein der Erde: »Solange die Erde steht, soll nicht aufhören Saat und Ernte, Frost und Hitze, Sommer und Winter, Tag und Nacht.«

Vom Wasser ist hier nicht die Rede. Es war dieser durch die Genesis vermittelte Blick aufs Wasser als Gestalt der Katastrophe, der nach dem Ende der Antike jahrhundertelang das Bild vom Meer als dem Unheimlichen, dem Bösen schlechthin geprägt hat. Das Seeungeheuer, der Leviathan, ist im christlichen Mittelalter ein Agent des Teufels und steht fürs absolute Chaos. Erst mit der langsamen Entdeckung der Küste im achtzehnten und neunzehnten Jahrhundert, wie Corbin sie beschrieben hat, auch ihrer pittoresken und tendenziell paradiesischen Züge, ändert sich das.

Heute ist die Vorstellung des Paradieses unauflöslich mit der Vorstellung seiner Bedrohung verknüpft. Paradiese sind auf jeden Fall »letzte«, soll heißen, früher gab es mehr davon, und diejenigen, die es noch gibt, werden nicht mehr lange existieren, sondern von Horden von Rucksacktouristen zerstört werden. Der Mensch passt einfach nicht so recht ins Paradies, das hatte ja schon Gott herausgefunden.

Andererseits braucht es den Blick des Menschen, der ein

Stück der Welt als paradiesisch definiert, sonst bleiben die Paradiese stumm und unentdeckt. Im Gegensatz zum Garten Eden sind heutige Vorstellungen vom Paradies recht häufig mit dem Wasser verbunden. Dabei dominiert das Bild der Insel, auf der man glücklich zu sich selbst kommt, nachdem man alle Lasten und Beschwernisse auf dem Festland zurückgelassen hat. Bei diesen Phantasien ist die Südsee, über hundert Jahre nach Gauguins Tod, nach wie vor Spitzenreiter, weil man ihr, je weiter man von ihr entfernt ist, noch ausreichend Exotik wie Erotik zuschreibt. Der französische Maler und Zivilisationsflüchtling hatte zwar schon bei seinem ersten polynesischen Aufenthalt 1891 bis 1893 feststellen müssen, dass christliche Missionsarbeit, ein keineswegs fairer Handel und französischer Kolonialismus das erträumte Idyll des einfachen Lebens längst zerstört hatten, aber bis heute evoziert allein der Klang des Wortes »Südsee« die Assoziation »Paradies«, auch wenn die meisten von uns wissen, dass im Zuge des Klimawandels nicht wenige dieser paradiesischen Inseln unausweichlich dem Untergang – im direktesten Sinn des Wortes – geweiht sind.

Davon ist die belgische Küste noch einige Zeit entfernt. Um der gängigen Paradiesvorstellung zu entsprechen, fehlt ihr allerdings das Attribut der Menschenleere, auch wenn man an der langen Küstenlinie von Knokke bis De Panne durchaus immer wieder recht einsame Abschnitte finden kann. Dass der Strand von Ostende im Sommer dicht besiedelt sein kann und vorwiegend dem Hedonismus des gemeinen Strand- und Badelebens gewidmet ist, bedeutet jedoch nicht, dass man an ihm nicht paradiesische Zustände, ja sogar solche der Erleuchtung erleben könnte.

Jetzt muss ich doch für einen Augenblick Unterschlupf

beim Zen-Buddhismus suchen. Auch wenn ich mich nie den Strapazen eines Zazen, also des stundenlangen Sitzens in unbequemster Haltung auf harten Matten, unterzogen habe, hat mich diese merkwürdige Mixtur aus Religion, Philosophie und Literatur doch immer wieder fasziniert: allein schon wegen des intellektuellen Vergnügens an den absurden Kurz- und Kürzestgeschichten, die da erzählt werden, und an den Koans, also jenen ebenso absurden Aufgaben, mit denen sich Zen-Schüler auseinandersetzen müssen, oft jahrelang, bis sie begreifen, dass es sich nicht um zu lösende Rätsel handelt, denen man mit Begriffen beikommen könnte.

Zu meinen Favoriten gehört das folgende Koan: »Ein Mönch fragte Tozan: ›Was ist Buddha?‹ Tozan antwortete: ›Drei Pfund Flachs.‹« Damit soll der Mönch sich nun beschäftigen, das ist seine Aufgabe, und er wird sie, wenn überhaupt, nicht durch Nachdenken lösen, sondern durch eine plötzliche eigene Erfahrung. Tozan (chinesisch Dongshan), um das noch zu erläutern, ist natürlich einer dieser Zen-Meister, die gern solche Einsichten wie die eben erwähnte von sich geben, aber niemals weiter irgendetwas erklären.

Eine schöne Kurzgeschichte aus diesem Reich des Absurden und der Sinnferne ist diese: »Ein Novize fragte Meister Madau: ›Wer ist das, der nicht seinesgleichen hat unter den zehntausend Dingen der Welt?‹ – Madau erwiderte: ›Wenn du alles Wasser im Strom auf einen Zug austrinkst, will ich es dir sagen.‹« Über diese Geschichte ließe sich manches Kluge äußern, am besten gefällt mir aber meine persönliche Lesart: Der Meister bedeutet dem Novizen, er solle nicht so blöde Fragen stellen, dann bekomme er auch keine blöden Antworten.

Im Zen gibt es bekanntlich auch den Begriff Satori, der im Allgemeinen mit Erleuchtung übersetzt wird. Ihm verwandt ist Kenshō, die Wesensschau, die irgendwie auch was mit Erkenntnis zu tun hat. Der Unterschied zum abendländischen Begriff von Erkenntnis – sehr vereinfacht gesprochen, aber ich möchte diesen philosophischen Exkurs so kurz wie möglich halten – liegt darin, dass im Zen nicht auf der einen Seite ein erkennendes Subjekt dem erkannten Objekt auf der anderen Seite gegenübersteht, sondern dass gerade im Moment des Satori eben beide eins sind. Satori tritt unvorhergesehen auf, vergleichbar mit einem Blitz, der uns allerdings nicht tödlich trifft, sondern erleuchtet.

So geschehen am 9. Juli 1992 am Strand von Ostende, am frühen Nachmittag. Ich war morgens mit dem Zug von Köln nach Ostende gefahren, den es damals noch gab und in den auch Jürgen Beckers »du« (das ein Ich ist) am Beginn von *Erzählen bis Ostende* einsteigt. Weil »mein Hotel«, das Hotel Louisa, voll ausgebucht war – schließlich war Saison –, nahm ich ein winziges Zimmer im Hotel du Parc, das als Treffpunkt der Ostender Kunstszene gilt und ganz im Art-déco-Stil gehalten ist, die Brasserie eingeschlossen. Die Winzigkeit des Zimmers störte mich nicht, im Gegenteil hatte ich das Gefühl, dass ein größeres zu viel gewesen wäre für mich. Ich hatte ein Bett und einen Schrank und ein Minibad; einen Schreibtisch brauchte ich nicht. Draußen war Sommer und Lärm, das Hotel du Parc liegt sehr zentral am Marie-Joséplein, dem Platz, wo unter anderem alle Straßenbahnlinien zusammenlaufen. Ich legte mich eine Dreiviertelstunde schlafen, bei halb geöffnetem Fenster. Nach dem Erwachen und der langsamen Wahrnehmung des Straßenlärms zwei Etagen tiefer verband sich das intensive Gefühl, allein und in der Fremde zu sein, unauflöslich mit dem Glücksgefühl, dass niemand wusste, wo ich war, und Ostende als Versteck weiterhin bestens funktionierte.

Vom Hotel du Parc zur Promenade und zum Strand sind es

ein paar Minuten. Ostende leuchtete und lärmte und war die pure Lebenszugewandtheit, das hohe Fest des Sommers. Der Strand war voll, Familien, Paare, vor Vergnügen kreischende Kinder. Ich selbst sah von oben auf ihn herab, von jenem vorgeschobenen Punkt auf der Höhe des Kursaals aus, wo die Promenade einen leichten Knick macht und man einen sehr großen Ausschnitt des Strandes überschauen kann.

In diesem Augenblick vermengten sich Lärm und Licht, Geschrei und Blendung für mich auf eine so einzigartige Weise, dass sich meine Beobachterposition und mein »Ich« schnell und sanft auflösten, was ich ohne Bedauern zur Kenntnis nahm, und ich ganz und gar Teil des Bildes wurde, das ich eben noch von außen wahrgenommen hatte. Nicht ein genau bestimmter Teil an einem bestimmten Ort – eben jenem vorgeschobenen Punkt an der Promenade –, sondern »ich« war in diesen wenigen Minuten alles, was zu sehen, zu hören und zu riechen war, das Quärren und Lachen und Kreischen der Möwen ebenso wie die grüne Fahne, die das Schwimmen an diesem Abschnitt des Strandes als ungefährlich einstufte, die Familie auf den Badelaken direkt unter mir ebenso wie der blaue Himmel über der Promenade, der Geruch des Meeres ebenso wie das Quietschen des Kettcars in meinem Rücken. Eben das ist Satori: eine Erfahrung, in der es keinen Unterschied zwischen Erkennendem und Erkanntem mehr gibt, sondern beide unauflöslich eins sind.

Auch nach den Lehren des Zen sind solche Zustände der Erleuchtung in der Regel vorübergehend. Bei wem sie dauerhaft sind, der wird zum Zen-Meister. Im Normalfall aber lassen sie sich weder konservieren noch willentlich wieder aufrufen, doch man kann die Erinnerung an sie bewahren. In meinem Fall ist die Erinnerung so stark, dass ich genau weiß: Eine vergleichbare Erfahrung habe ich bis heute nie mehr gemacht.

Ich bin später auch nie auf den Gedanken gekommen, nur deshalb nach Ostende zu fahren, um es »noch einmal zu versuchen«. Das wäre ähnlich plump wie der Versuch des fehlgeleiteten Proust-Lesers, der eine Madeleine in Lindenblütentee tunkt und hofft, nun werde er ein ähnliches Erlebnis haben wie Marcel. Prousts *mémoire involontaire* und das Satori verbindet, dass beide weder durch einen Bewusstseinsakt noch durch ein sorgfältig inszeniertes Arrangement zu erzwingen sind.

Was dieser Moment – dessen Dauer ich heute schwer einschätzen kann, es mag sich um ein paar Minuten oder auch eine Viertelstunde gehandelt haben –, was dieser Moment mir allerdings gebracht und bis heute erhalten hat, war die Tilgung eines bis dahin brennenden, aber unerfüllbaren Wunsches: des Wunsches, »dazuzugehören«. Seit meiner Jugend, und später bedingt auch durch die zahlreichen Umzüge, quälte mich diese Sehnsucht, irgendwo dazuzugehören und dies auch bescheinigt zu bekommen: zu einem Milieu, einer Gruppe, einer Region, einer Stadt, einer »Bewegung« (brrr!), einem auserwählten Kreis. Gerade in dem Moment aber, in dem ich mich wie einst Horst Janssen »in allem anderen« sah und also das größtmögliche Maß an Zugehörigkeit erreicht war, zerbröselte diese Sehnsucht und ist nicht wiedergekehrt. Damals muss ich begriffen haben, dass man innen und außen, Bewohner des Zentrums und des Rands zugleich sein kann, und später habe ich dieses Gefühl unübertrefflich ausgedrückt gefunden in Enzensbergers hinreißend paradoxer Gedichtzeile *Ich bin keiner von euch / und keiner von uns*. Das ist, finde ich, ein würdiges Koan, mit dem ein strebsamer Zen-Novize ein paar Jahre zu tun hätte.

Es hat vielleicht dennoch an jenem Julitag vor mehr als fünfundzwanzig Jahren eine besondere Konstellation vorgelegen, die meine Erfahrung beförderte. Eine Komponente davon ist nirgendwo sonst anzutreffen als an der Küste. Dort findet bei klaren Sichtverhältnissen wieder zu einer Einheit zusammen, was Gott entsprechend den Erzählungen der Genesis getrennt hatte: Wasser, Erde und Himmel. Diese Erfahrung ist zwar nicht die Erleuchtung selbst, mag sie aber begünstigen.

Und dann kann ich nicht verschweigen, dass ich, bevor meine Beobachterposition sich langsam auflöste und mein Ich gewissermaßen in der Buddha-Natur aufging (also drei Pfund Flachs oder meinetwegen das rote Handtuch, das allein und verlassen auf der Promenade lag), dass ich also in einer Entfernung von etwa dreißig Metern vom Anblick nicht etwa eines jungen Mädchens – das wäre ein zu profaner Ausdruck –, sondern von dem eines Geschöpfs gebannt war, zwischen fünfzehn und siebzehn, auf einem blauen Badelaken ausgestreckt, dösend, vielleicht schlafend, ein so vollkommener Ausdruck von Anmut und Schönheit, die sich ihrer selbst in diesem Moment nicht bewusst war, dass jegliches Begehren hinter dem spontanen Impuls der Anbetung verschwand. Mag sein, dass dieser Anblick die Eintrittspforte war zu allem, was danach kam. Es wäre ja durchaus eine glückliche Fügung, wenn der Königsweg zur Erleuchtung nur über die Anmut und die Schönheit führte.

Über allem kreisten und jauchzten, kreischten und jaulten, schrien und quärrten die Möwen, stießen zuweilen im Sturzflug nach unten, ritten kurz auf einer Welle, hoben wieder ab und segelten auf dem Wind. Wann immer ich nach Ostende fahre, wirklich angekommen fühle ich mich erst, wenn ich diese Laute höre. Für mich sind sie Begrüßungslaute und zeigen mir, dass meine Freunde sich über meinen Besuch freuen. Das gilt seit jenem Novemberabend in den Achtzigern, als ich zum ersten Mal in Ostende haltmachte, um etwas zu essen. Es waren einzig ein paar Möwen, die meine Suche nach einem Restaurant auf der dunklen und menschenleeren Promenade begleiteten, und ich entschied mich damals, dass ihre Rufe mich nicht verspotteten, sondern mir im Gegenteil den Weg weisen wollten. Seitdem habe ich mit den Ostender Möwen einen Pakt geschlossen und bin der festen Überzeugung, dass sie anders sind als ihre Artgenossen irgendwo sonst auf der Welt.

Mein Faible für diese Vögel ist schon früh erwacht, besser, zum frühestmöglichen Zeitpunkt, dann nämlich, als ich zum ersten Mal in meinem Leben das Meer befuhr. Das war bei einem Tagesausflug meiner Schulklasse auf die Insel Juist, ich war zwölf Jahre alt. An die Einzelheiten dieses Ausflugs kann ich mich heute nicht mehr erinnern, aber dass die ersten Möwen, die ich sah, bevor wir in Norddeich ablegten, bei mir sofort großes Interesse, ja so etwas wie eine Faszination auslösten, erinnere ich sehr wohl, und diese Faszination setzte sich auf der Insel fort und hat sich erhalten bis heute.

Zwei Details waren es vor allem, die meine Aufmerksamkeit weckten. Zwar begegneten mir die ersten Möwen meines Lebens durchaus scharweise, aber jede aus der Schar erschien mir gleich als ausgeprägtes Individuum, beinahe als Einzelgänger. Sie sahen keineswegs so aus, als ob sie *alle* Emma hießen, wenn auch eine Emma unter ihnen gewesen sein mag. Ihre Flugbewegungen waren nicht synchronisiert, und sie hatten keinen Anführer, wie man das etwa von Kranichen, Wildgänsen und anderen Langstreckenfliegern kennt. Jede Möwe war mit ihren eigenen Angelegenheiten beschäftigt. Später habe ich gelernt, dass Möwen zwar gern in Gesellschaft leben, in Brutkolonien, weil diese Schutz bieten, dass ihre eigentliche Lebensform aber das Paar ist, das im Notfall sein Revier auch und gerade gegen andere Brutpaare energisch verteidigt. Vielleicht liefern sie in der Tierwelt das Bild der klassischen bürgerlichen Gesellschaft, in der nach Adornos Wort »jeder Einzelne die Kälte um sich verbreitet, in deren Schutz er gedeihen kann«. Wem diese Parallele zu verstiegen erscheint, der sollte bedenken, dass Möwen ähnlich wie Menschen über ein enormes evolutionäres Anpassungsvermögen verfügen, das sich auf veränderte Lebensbedingungen bestens einstellen kann – weshalb die Möwe auch längst nicht mehr nur an den Küsten, sondern auch in den Metropolen zu finden ist, bevorzugt in der Nähe von deren Müllhalden.

Die Parallele zum Menschen geht noch weiter. Möwen sind keine wirklichen Seevögel und keine guten Taucher, die sich ihre Beute selbst aus dem Meer holen. Zwar geschieht auch das, aber viel eher schnappen sie sich den von Fischkuttern zurück ins Meer geworfenen Beifang oder jagen anderen Seevögeln ihre mühsam ertauchte Beute ab. Ebenso wie die Menschen sind sie Akteure – und Parasiten – in einem nie endenden Verteilungskampf.

Das Auge der Möwe – in diesem Fall der an unseren Küsten am häufigsten vorkommenden Silbermöwe – scheint immer grimmig in die Welt zu schauen. Jedenfalls wird dieses Wort häufig gebraucht, um ihren Blick zu charakterisieren. Das liegt wesentlich zum einen an der merkwürdig gelben Iris – Schwefel! –, zum anderen an dem gelblichen, orangen oder roten Ring, der sie umgibt. Der Terminus »grimmig« scheint mir aber nicht ganz zutreffend. Ich ziehe es vor, den Blick der Möwe kritisch zu nennen, beinahe analytisch prüfend: und mit dem Ergebnis nicht einverstanden, unversöhnt. Möwen, so scheint mir, sind in der Vogelwelt die Vertreter eines ausgeprägten Pessimismus von Schopenhauer'scher Qualität. Ihre moralischen Maßstäbe scheinen überaus streng zu sein und ihre Hoffnungen auf eine bessere Welt äußerst gering. Selbstverständlich sind diese Assoziationen allesamt unzulässig anthropomorph, als spräche der leibhaftige Brehm selber, aber ich kann mich gegen sie nicht wehren. Dass Möwen dennoch enorm überlebenswillig und -tüchtig sind und keineswegs zu den bedrohten Arten gehören, spricht nicht gegen ihren tief sitzenden Pessimismus.

Auch die breite Palette ihrer Lautäußerungen scheint mehrheitlich von drohendem Unheil zu künden, vermengt mit einem Triumph darüber, dass die Welt so schlecht ist, wie sie es schon immer gewusst haben. Meine Ohren jedenfalls hören das so. Die Möwen rufen alle, als ob sie Kassandra hießen, könnte man Morgenstern paraphrasieren. Sein *Möwenlied* stammt mutmaßlich aus dem Jahr 1905, in dem Morgenstern fast fünf Sommerwochen lang Ferien auf der Nordseeinsel Föhr machte, und weil es ein wesentlich positiveres Bild von der Möwe liefert als in unseren Tagen, wo sie von vielen beinahe so gehasst wird wie die Taube, sei hier wenigstens die letzte Strophe noch einmal wiedergegeben:

O Mensch, du wirst nie nebenbei
der Möwe Flug erreichen.
Wofern du Emma heißest, sei
zufrieden, ihr zu gleichen.

Ein knappes Jahrzehnt vor der Entstehung dieses Gedichts war Otto Lilienthal bei einem seiner Flugversuche tödlich abgestürzt, während sein Bruder Gustav diese Versuche weiterführte. Als Morgenstern 1914 starb, war nicht nur die Segelfliegerei, sondern auch der Motorflug schon fortgeschritten, der erste Postflug in Deutschland hatte stattgefunden, und im Großen Krieg, dessen Beginn Morgenstern nicht mehr miterleben musste, kamen die ersten Jagdflieger und Bomber zum Einsatz. Dennoch hat der Dichter recht behalten. Die Eleganz des Möwenflugs erreicht keine der Maschinen, die heute unsere Himmel über allen Kontinenten bevölkern, von der besseren Ökobilanz der Möwe einmal ganz abgesehen.

In Ostende benehmen sich die Möwen nach meinen bisherigen Erfahrungen überwiegend so, als seien sie sich der Tatsache bewusst, Bewohner einer Stadt zu sein, die einmal als Königin der Seebäder galt und im Sommer die Schönen und die Reichen der Belle Époque zu Gast hatte. Auch wenn diese Epoche längst vergangen ist, verhält sich die heutige Möwenpopulation der Stadt doch weitgehend so, als habe sie das kulturelle Erbe jener Zeit angetreten. Die Ostender Möwe ist zivilisiert, attackiert nicht die Gäste der Restaurantterrassen an der Promenade Albert I und am Visserskaai und entreißt den Kunden auf dem Fischmarkt nicht ihre frisch gekaufte Ware. Dass sie sich nicht darauf beschränkt, über der Küstenlinie zu kreisen, sondern auch über den Häusern der Stadt unterwegs ist, sich gleichsam als Ostender Bürger aufführt, versteht sich von selbst. Möwen sind keine Seevögel, sondern Küstenbewohner und damit auch Städter.

Den Bewohnern und Besuchern von Ostende ersetzen sie zudem den Wecker. Ihre Rufe wecken den Hotelgast zuverlässig in den frühen Morgenstunden und erinnern ihn daran, dass er am Meer ist. Wer dann ans Fenster tritt und eine oder zwei von ihnen über der noch menschenleeren Straße schweben und auf dem Wind segeln sieht, mag sich an den Anfang aller Tage erinnert fühlen, an eine Morgenröte lange vor der Zeit, als Gott Wasser, Himmel und Erde schied.

PHANTASIEN IM GLÄSERNEN BUNKER (4)

Eine Möwe ist es auch, die eines Vormittags im Tiefflug über Louis kreist, als dieser zur Arbeit geht, und dabei Kassandrarufe ausstößt, sehr laute, anklagende Schreie, und ihn damit über zwanzig Meter verfolgt, ehe sie von ihm ablässt, nachdem er in einen leichten Laufschritt verfallen ist. Er hat kein Fischbrötchen oder sonst etwas in der Hand, die Möwe macht keine Jagd auf Futter, sondern klagt ihn an, markiert ihn mit ihrem Flug und ihren Rufen, zeigt allen: Der ist es, genau der.

Fünfzig Meter hinter den beiden schlendert der Mann aus London und registriert die Szene beinahe amüsiert. Es hätte ihrer nicht bedurft, er weiß schon lange, dass es sich bei Louis um den Richtigen handelt, er hat alle wichtigen Daten bereits in London gehabt. Dennoch befriedigt ihn das, was er sieht, auf eigentümliche Weise, und er sieht in der Möwe eine Verbündete, der seine ganze Sympathie gehört.

So, wie Gregor Korffs ganz besondere Sympathie dieser

Szene gehört, nachdem er sie geschrieben und überarbeitet hat an diesem Morgen. Die ist mir richtig gut gelungen, denkt er, als er sich die Passage, nur eine knappe Seite lang, noch einmal laut vorgelesen hat, da stimmt alles. Besser kann ich heute nicht werden, es ist zwar erst halb elf, aber mein Tagwerk ist getan, denkt Gregor Korff, und so wird dies einer der wenigen Tage, an denen er schon weit vor zwölf Uhr mittags die Vorhänge aufreißt und wenig später den Fahrstuhl nach unten nimmt und die Promenade betritt, auf der natürlich weder Louis noch der Mann aus London zu sehen sind, während die Möwen sehr wohl am Himmel ihre Schleifen fliegen.

DER MANN AUS LÜTTICH UND DAS MEER

Am 4. September 1989 ist Georges Simenon gestorben, zwei Tage später gab seine Familie seinen Tod bekannt, und noch einen Tag später erfuhr ich selbst davon aus der *Neuen Zürcher Zeitung*, bei schönem Spätsommerwetter an der Promenade von Ostende auf einer Bank sitzend. Der Ort, an dem ich von seinem Tod Kenntnis erlangte, passte zur Nachricht.

Fünfundsiebzig Jahre vorher, im Jahr 1914, erblickte der kleine Georges in Ostende zum ersten Mal in seinem Leben die See. »Erblickte« ist das treffende Wort, denn der Augenblick war von seinen Eltern als Überraschung inszeniert worden. Sie waren mit ihrem elfjährigen Sohn aus Lüttichs Kleinbürgerviertel Outremeuse nach Ostende gefahren und hatten dem Jungen kurz vorm Ziel die Augen verbunden. Nun nahmen sie ihm das Tuch wieder ab, und der kleine Simenon aus der Stahlkocherstadt stand am Strand von Ostende und schaute aufs Meer. So jedenfalls hat es der verstorbene Präsident der *Amis de Georges Simenon*, Michel Schepens, überliefert. Diese Begegnung mit der See muss den Jungen aus Lüttich tief beeindruckt haben, denn sobald er es sich nach ersten literarischen Erfolgen leisten konnte, erwarb er ein Boot und lernte die Navigation. Dieses Boot, die *Ginette*, war jedoch nicht hochseetüchtig, und so ließ Simenon sich 1929 die *Ostrogoth* bauen, auf der er sich mit seiner ersten Frau Tigy in andere Gewässer wagte, nach Norwegen zum Beispiel, oder auch nach Wilhelmshaven, wo er von der Hafenpolizei verhört und dann der deutschen Hoheitsgewässer verwiesen wurde, weil man in ihm einen französischen Spion vermutete.

Der Rest ist bekannt. Als er mit diesem Schiff einige Tage im niederländischen Delfzijl am Dollart angelegt hatte, um Arbeiten an der teilweise leckgeschlagenen *Ostrogoth* vornehmen zu lassen, wurde in einer Kneipe am Hafen, bei einem Genever oder auch bei zweien oder dreien, die Gestalt des Jules Maigret geboren, die mit ihrem Schöpfer künftig den intensiven Alkoholkonsum gemein haben sollte. (Wer die fünfundsiebzig Maigret-Romane liest, wird schnell feststellen, dass der legendäre Kommissar offenbar ein typischer Pegeltrinker ist.) Maigrets erster Auftritt erfolgte in *Pietr der Lette*. Die Stadt Delfzijl stellte zum Ruhm Maigrets, vor allem aber zum eigenen Ruhm ein Standbild des Kommissars auf, das der Bildhauer Pieter d'Hont geschaffen hatte.

Das war allerdings 1966, beinahe vier Jahrzehnte nach Simenons Rast in der niederländischen Stadt. Und auch Simenons eigene Darstellung, wie die Figur des Maigret langsam aus dem Alkoholnebel der Hafenkneipe Het Paviljoen wuchs und der erste Maigret-Roman entstand, lieferte er erst viele Jahre nach seinem Aufenthalt in Delfzijl, und es ist sehr wahrscheinlich, dass er mehrere seiner Werke dabei verwechselte: kein Wunder bei seiner Produktivität.

Unzweifelhaft dagegen ist Simenons lebenslange Liebe zum Meer und zu Schiffsreisen, entweder auf eigenen Jachten oder auch als Passagier auf Postdampfern (Lappland), Schaufelraddampfern (im Kongo), Feluken, also den zweimastigen Mittelmeerseglern (auf dem Nil), auf Schonern im Mittelmeer und Passagierschiffen nach Amerika. Das Schiff war unbestritten Simenons bevorzugtes Beförderungsmittel.

Und nicht wenige seiner Romane, Maigrets wie Non-Maigrets (ich halte diese Unterscheidung für reichlich irreführend, weil sie bewusst oder unbewusst Simenons Werk in »Unterhaltungsliteratur« und »ernsthafte Literatur«, in U und E also aufteilt), spielen in Küstenorten. *Der Mann aus London* etwa, erstmals publiziert 1933, bei dem Gregor Korff in seinem gläsernen Bunker Anleihen für seinen eigenen Roman macht, ist in Dieppe angesiedelt. Es ist, um die unsinnige Unterscheidung noch einmal aufzunehmen, ein Roman aus der E-Klasse, aber es würde nichts ändern, weder an seiner literarischen Qualität noch an seiner atmosphärischen Dichte, wenn es ein Fall für Kommissar Maigret wäre. Gregor Korff eignet sich aus diesem Roman übrigens kaum mehr als den Titel als Bezeichnung für einen lange Zeit Namenlosen an, der sich aber, wie man noch sehen wird, im Gegensatz zu Simenons Mann aus London, einem typischen Opfer, am Ende als entschlossener Täter erweist. Eine zweite Parallele sind die Verfolgungsgänge quer durch den Ort – Dieppe beziehungsweise Ostende –, wobei aber auch hier wieder die Rollen vertauscht sind: Ist bei Simenon der Mann aus London (Mr. Brown, wie man irgendwann erfährt) der Verfolgte, so ist er bei Korff der Verfolger.

In diesem wie in anderen an der Küste angesiedelten Romanen gelingt es Simenon mühelos, mit ein paar Sätzen, ein paar

Federstrichen die Atmosphäre solcher Orte zu vergegenwärtigen. Ohnehin war dieser Autor ein herausragender Beobachter und Schilderer des Alltagslebens, ob es sich nun um den Tagesablauf einer Hoteliersfamilie handelt *(Der Tod des Auguste Mature)*, den Alltag eines Wochenmarktes in einer Kleinstadt in der Nähe von Bourges *(Der kleine Mann von Archangelsk)* oder um den von Austernfischern in Marsilly, wo Simenon selbst zwei Jahre gewohnt hat *(Wellenschlag)*: Immer liefert er eine dichte Beschreibung, der man anmerkt, dass er nicht aus Angelesenem, sondern aus eigenen Beobachtungen und Erfahrungen schöpft. Die Wirklichkeit beginnt zu leuchten.

Simenon war jedoch kein Idylliker, sondern der Verfasser moderner Tragödien, deren Summe das Porträt der bürgerlichen Tragödie des zwanzigsten Jahrhunderts ergibt, egal, ob es sich um die Großbürger oder die Kleinbürger handelt. Seine dichte Beschreibung dient fast immer dazu, die kommende Katastrophe, den entschlossenen Ausbruch oder auch das unbeabsichtigte Herausfallen aus dem Gewohnten vorzubereiten. Die Unausweichlichkeit, mit der manche seiner Protagonisten auf ihr Unglück zutreiben, ist zuweilen schon am ersten Satz abzulesen. »Er log, und das war falsch«: Nach diesem Satz wissen wir bereits, dass Jonas Milk, der kleine Mann aus Archangelsk, keine Chance haben wird.

Nur wenige seiner Romane enden nicht tragisch, sondern eher versöhnlich in dem Sinne, dass die Protagonisten noch einmal davongekommen sind, im Wortsinn. Maigret lässt ein paarmal jemanden laufen, und der Ostender Fischerclan kommt am Ende – allerdings erst nach einigen Opfern und Verlusten – in Richtung England davon.

Die Rede ist hier von dem Roman *Die Flucht der Flamen*, der im Original den Titel *Le clan des Ostendais* trägt. Nach dem Überfall der Deutschen auf Belgien im Mai 1940 flieht der Clan der Fischerfamilie Petermans mit der gesamten Flotte von Ostende an die französische Atlantikküste bei La Rochelle. Die Boote werden zunächst behördlich beschlagnahmt; später aber erhalten die Ostender Fischer eine Fangerlaubnis und fahren aus. Der Roman schildert die Spannungen zwischen den Flüchtlingen, die ihren gesamten Besitz mitgenommen haben, und der einheimischen Bevölkerung auf eine teils beklemmend aktuelle Art und Weise. Als die Deutschen schließlich auch La Rochelle besetzen, packt der Clan heimlich den noch verbliebenen Besitz – einige Boote und mit ihnen einige Menschen sind inzwischen verloren gegangen – in einer Nacht-und-Nebel-Aktion und flieht übers Meer nach England. Die letzte Szene schildert, wie im Mittagslicht »die weißen Klippen in Sicht kamen, die Klippen eines freien Landes«.

Simenon musste, als er diesen Roman schrieb, nur wenig erfinden. Er hatte im Mai 1940 im Auftrag der belgischen Botschaft in Frankreich tatsächlich die Organisation des belgischen Flüchtlingsdienstes in La Rochelle übernommen. Der Flüchtlingsstrom aus Belgien nach Frankreich hatte unmittelbar nach dem deutschen Überfall und der dienstfertigen schnellen Kapitulation Leopolds III. eingesetzt. Als eine kleine Flotte von Fischern aus Ostende mit Frau und Kind und ihrem gesamten Haushalt an Bord in den Hafen einlief, konnte Simenon sie nur mit Mühe dazu überreden, den Militärhafen frei zu machen, einen kleinen, nahe gelegenen Hafen anzusteuern und dort Unterkunft zu suchen. Sechs Jahre später setzte er ihnen in *Le clan des Ostendais* ein Denkmal.

Das Zeemanshuis Godtschalck in Ostende, gegründet bereits 1925 als Altersruhesitz für Fischer und eine Stiftung von Helena und Isabella Godtschalck, Töchter des Leutnants Jean

Eugène Godtschalck, beherbergt noch heute einige Bewohner, die fließend Englisch sprechen. Es sind die Kinder jener Fischerfamilien, die damals über den Kanal flohen. Ein Filmteam hat diese inzwischen ergrauten Überlebenden vor zwei Jahren besucht. Während sie damals in England in die Schule gingen, fuhren ihre Väter zum Fischfang aus. Carlas Vater kam damals in einem Sturm um, erzählt sie, und zum Trost besuchten die Queen Mom und Churchill die Familie. Churchill hob die kleine Carla hoch und drückte sie fest an sich, *and I gave him a kiss,* erzählt die alte Carla und lacht dabei herzlich.

Andrés Vater dagegen rettete 1932, noch bevor die Deutschen ihren geliebten Führer per Urnengang an die Macht brachten, einigen deutschen Soldaten das Leben, die mit einem Heißluftballon ins Meer gestürzt waren, und erhielt bald danach eine von Hitler unterzeichnete Urkunde und einen Orden. »Als wir nach England gingen, haben wir das aber alles über Bord geschmissen«, erzählt André. »Wäre nicht so gut gewesen, wenn die Engländer die Sachen gesehen hätten. Schade, hätte später gutes Geld gebracht.«

Der deutsche Überfall auf Belgien, die Nutzung des Landes als Durchmarschgebiet nach Frankreich im Mai 1940, war bekanntlich eine Wiederholungstat. Schon im August 1914 hatten die Deutschen die seit 1830 bestehende Neutralität des westlichen Nachbarlandes verletzt und waren über das Land hergefallen, nachdem der belgische König Albert ein Ultimatum, das den freien Durchzug durch sein Land forderte, abgewiesen hatte. Der deutschen Militärmaschine war die belgische Armee hoffnungslos unterlegen. Die Seehäfen Zeebrugge und Ostende waren die letzten Städte, die sich im Oktober den Deutschen ergaben. Es versteht sich, dass in Kriegszeiten Hafenstädte immer eine besondere Rolle spielen, ganz unabhängig davon, ob es militärische oder Handelshäfen sind. Deshalb muss hier nun, fernab von allem Glanz der Königin der Seebäder, das Kapitel *Ostende und die Kriege* aufgeschlagen werden. Dazu müssen wir zuerst kurz zurückgehen bis an den Anfang des siebzehnten Jahrhunderts.

UNTER FEUER

Es gibt durchaus Gründe zu bedauern, dass Friedrich Schiller seine *Geschichte des Abfalls der vereinigten Niederlande von der spanischen Regierung* nicht über das Jahr 1567 hinaus geschrieben hat, als der furchtbare Herzog von Alba als Statthalter in Rotterdam landete und danach in Brüssel einzog. Zum einen war der Mann aus Marbach ein großartiger Erzähler, eine Tatsache, die hinter seinen Dramen, die in den bildungsbürgerlichen deutschen Kanon des neunzehnten Jahrhunderts eingegangen sind, verschwindet. Gegen das Tempo und die zupackende Sprache von Erzählungen wie *Der Verbrecher aus verlorener Ehre* oder *Der Geisterseher* sind Goethes *Wahlverwandtschaften* wahrlich ein Sedativum. Nicht weniger temporeich und zupackend lesen sich seine erzählenden Arbeiten als Historiker. Selten wird der gemeinsame Ursprung von Geschichtsschreibung und Literatur so deutlich sichtbar wie bei ihm.

Bedauerlich ist Schillers unterlassene Fortschreibung aber auch deshalb, weil der eigentliche Spanisch-Niederländische Krieg, auch genannt der Achtzigjährige Krieg, erst ein Jahr nach Albas Einsetzung als Statthalter begann, mit der Schillers Fragment endet. Aus seiner Feder wäre eine Schilderung der Belagerung von Ostende vom Juli 1601 bis zum September

1604 gewiss ein weiteres Stück mitreißender historischer Erzählung geworden.

Diese Belagerung war eigentlich nur eine Randnote im Achtzigjährigen Krieg zwischen Spanien und den Vereinigten Niederlanden, allerdings eine extrem blutige. Mit der Gründung der Union von Utrecht, der Keimzelle der Sieben Provinzen der Vereinigten Niederlande, gehörten auch Westbrabant und das nördliche Flandern, ergo auch Ostende dazu. Die Spanier eroberten zwar unter der Führung des Herzogs von Parma große Teile dieses Gebiets zurück, Ostende blieb jedoch lange Jahre eine niederländische Exklave an der Küste, die auf dem Seeweg von den niederländischen Provinzen versorgt wurde, die letzte Bastion der Vereinigten Niederlande im Süden des Landes.

Die Stadt war vor Angriffen von außen durch die geografischen Gegebenheiten besser geschützt als binnenländische Orte, weil sie durch Priele und Polder und durch die gezeitenbedingte regelmäßige Überflutung des Umlands eine gleichsam natürliche Festung war. Seit 1572 war das Städtchen jedoch nach und nach zu einer wirklichen Festung ausgebaut worden, die das Herz von Tristram Shandys Onkel Toby hätte höherschlagen lassen. Eine Mauer umschloss die Stadt ebenso wie ein Wassergraben. Es gab überhaupt das ganze Arsenal von Raffinessen, wie es sich im Lauf der Zeit im Festungsbau entwickelt hatte. Auch gezielte Überflutung diente als Verteidigungsmittel.

Am 5. Juli 1601 begann die spanische Belagerung der Stadt. Wenig später wurde – natürlich über den Seeweg – die niederländische Garnison innerhalb der Mauer auf etwa viereinhalbtausend Soldaten verstärkt. Kurz danach folgte eine weitere Verstärkung auf insgesamt achttausend Mann. Auf dem Meer hatten die Schiffe der Vereinigten Provinzen und Englands ohnehin die Oberhand und versorgten die Stadt während der gesamten Belagerung mit Vorräten und Waffen und evakuierten Verwundete.

Die Belagerung Ostendes dauerte drei Jahre und drei Monate. Sie forderte mehr Todesopfer als jede andere in diesem an Belagerungen so reichen Achtzigjährigen Krieg: auf spanischer Seite etwa vierzigtausend, auf der Seite der Verteidiger, die Zivilbevölkerung eingeschlossen, kaum weniger. 1602 brach in der Stadt die Pest aus, und im August des Jahres war etwa ein Drittel der Garnison in der Festung Ostende angesteckt. Im November sank die Zahl der Toten auf ein Niveau von sechzig bis achtzig Personen am Tag. Auch auf der Seite der spanischen Belagerer richteten die Pest und andere Krankheiten Unheil an.

Im Begriff der Belagerung steckt schon, dass alles lange dauern kann und sich über lange Zeiträume wenig bewegt. So auch im Fall Ostende bis zum Jahr 1603. Die Stadt wurde zwar ständig beschossen, ein direkter Angriff wäre wegen der zu guten Befestigungsanlagen jedoch aussichtslos gewesen, wie ein erfolgloser Versuch im Januar 1602 bewies, in dessen Gefolge im spanischen Lager sogar eine Meuterei ausbrach. Erst eine neue militärische Taktik, die auf den Sturmangriff verzichtete und sich Schritt für Schritt an die Stadt herantastete, war schließlich erfolgreich. Zuletzt verblieb den Verteidigern nur noch eine provisorisch erbaute Zitadelle. Im Sommer 1604 erschwerten Stürme die weitere Versorgung der Stadt durch niederländische Schiffe. Die Flutwellen, die einer von ihnen aufwarf, trugen erhebliche Teile der noch gehaltenen Befestigungsanlagen ab, und eine weitere Verteidigung der Stadt war nicht mehr möglich. Daniël de Hertaing, seit Juni 1603 Gouverneur der belagerten Stadt, nahm daher Verhandlungen mit den Spaniern auf und ließ gleichzeitig zahlreiche

Soldaten und calvinistische Geistliche und andere Bewohner aus der Stadt evakuieren. Mit der verbliebenen Garnison, etwa dreitausend Soldaten, durfte er laut Vertrag vom 20. September 1604 abziehen.

Die politischen Ergebnisse dieser blutigen drei Jahre waren äußerst bescheiden. Zwar verloren die Vereinigten Provinzen ihren letzten Stützpunkt an der flandrischen Küste, aber das war durch die vorhergegangene Eroberung von Sluis im südlichen Zeeland schon kompensiert. Die jahrelangen Kämpfe um Ostende hatten beide Seiten stark geschwächt, und fünf Jahre nach dem Fall der Stadt schlossen sie einen Waffenstillstandsvertrag, der bis zum Jahr 1621 hielt. An der Gesamtlage im Achtzigjährigen Krieg, der erst im Westfälischen Frieden von 1648 sein offizielles Ende fand, änderte der Fall der Stadt wenig bis nichts. Die erbitterten Kämpfe um sie waren von Anfang an eher eine Frage des Prestiges als von wirklicher militärischer oder politischer Bedeutung.

»... DIE KAHLEN LINIEN DES ENTSEELTEN STRANDES«

Etwas mehr als drei Jahrhunderte danach wird Flandern – und damit auch Ostende – zu einem der blutigsten Schlachtfelder der Geschichte. Der Name ruft bis heute die Erinnerung an die vier sogenannten Flandernschlachten des Ersten Weltkriegs hervor, insbesondere bei den Kriegsgegnern des damaligen Deutschlands, England und Frankreich, für die bekanntlich dieser Krieg noch heute den Namen *The Great War* bzw. *La Grande Guerre* trägt.

Für Belgien begann der Große Krieg mit der Weigerung König Alberts I., den Deutschen das Land als Durchmarschgebiet nach Frankreich zur Verfügung zu stellen. Die Antwort der Deutschen war der kurz entschlossene Einmarsch ins Land, unter Verletzung seiner Neutralität (und der Luxemburgs). Die Niederlande dagegen wurden in Ruhe gelassen, was Kaiser Wilhelm II. nach der Niederlage die Möglichkeit eröffnete, dort um Asyl zu bitten und bis zu seinem Tode 1941 wie ein Berserker Holz zu hacken.

Nach der Aufforderung des Königs, der zu unerbittlichem Widerstand aufgerufen hatte, war es mit dem problemlosen Durchmarsch zur französischen Grenze vorbei. Es gab diesen unerbittlichen Widerstand tatsächlich, und es kam besonders in der Wallonie, aber nicht nur dort, zu Kriegsverbrechen in der Zivilbevölkerung und zu Massenerschießungen. In Dinant in den Ardennen wurde praktisch die gesamte männliche Bevölkerung liquidiert, weil es sich angeblich um Franctireurs (Partisanen) handelte, zudem wurden zwei Drittel der Häuser der kleinen Stadt zerstört. Insgesamt fielen zwischen August und Oktober 1914 etwa 6500 Belgier diesen Verbrechen zum Opfer, zu denen auch die Brandschatzung in der Universität Leuven und die Vernichtung der berühmten Bibliothek gehörten.

Die deutsche Besetzung Ostendes beginnt im Oktober 1914. Vorher war die Stadt vorübergehend Sitz der belgischen Regierung und Sitz der Heeresleitung gewesen, aber am 12. und 13. Oktober verlassen der König, die Regierung und das diplomatische Korps die Stadt zunächst in Richtung Frankreich. Die belgische Regierung residiert für die Dauer des Krieges in Le Havre. Obwohl Belgien fast vollständig besetzt ist und in Deutschland als »Generalgouvernement Belgien« firmiert, verbleibt ein schmaler Streifen zwischen der Yser und der französischen Grenze, der während des ganzen Krieges von den Deutschen nicht eingenommen werden kann. Hier findet vier Jahre lang jener erbarmungs- und sinnlose Stellungskrieg statt, für den der Erste Weltkrieg bekannt ist. Auch Albert I. führt mit den Resten der belgischen Armee zusammen mit Briten und Franzosen von hier aus den Kampf um die Rückeroberung seines Landes, wobei er, anders als die verbündeten Kommandeure, sich weigert, seine Soldaten in sinnlosen Angriffen zu verheizen. Seine entschlossene Haltung von Anfang an und seine militärische Klugheit machen ihn bis heute zur Ikone unter den belgischen Königen, ja sogar zu einem Nationalhelden.

Nach der Besetzung diente Ostende zusammen mit Zeebrugge als Stationierungsort für deutsche U-Boote. Es versteht sich, dass sie von See aus immer wieder von den Engländern beschossen und erheblich beschädigt wurden. Nach einem solchen Beschuss im September jagten die Deutschen einen Leuchtturm in die Luft. Zu dieser Zeit war Ostende bereits Sitz eines Ausbildungskommandos für die Luftabwehr. Der Große Krieg war schließlich zugleich der erste Luftkrieg der Geschichte.

Wie es in diesen Jahren in der Stadt ausgesehen hat, davon vermittelt Max Beckmanns Tuschezeichnung *Strandpromenade Ostende* einen Abglanz. Rechts im Bild sieht man einen Teil der prachtvollen Häuserreihe, die damals noch die Promenade säumte, links das Meer und einen menschenleeren Strand. Auch die Promenade ist wie ausgestorben, im Vordergrund sehen wir einen Soldaten, weiter hinten einen zweiten. Beckmann hatte sich 1914 freiwillig gemeldet und tat in Kortrijk und danach in Roeselare Dienst als Sanitätshelfer. Am

16. März 1915 erreichte seine Frau Minna aber plötzlich ein Brief aus Ostende. Der Direktor der Kunstgewerbeschule Charlottenburg, im militärischen Rang Hauptmann, hatte Beckmann im März 1915 nach Ostende mitgenommen. An seine Frau schrieb der Künstler, wie sehr und wie lange er das Meer schon vermisst habe, und dann: »Ja, Du staunst – mais c'est la vérité. (...) Es ist doch fast mysteriös, mein dringender Wunsch, nach O. zu kommen, auf diese phantastische Art glatt und komplett erfüllt. (...) Heute zogen wir feierlich mit militärischen Ehren begrüßt über alle auch die verborgensten Interessantheiten Ostendes. Ich bin auf der Automobilstraße an den Dünen gefahren, die war wie ein Parkettfußboden und der Wagen wie irgendein fabelhafter Sturmvogel.« Die Rede ist allerdings auch von den »kahlen Linien des entseelten Strandes«, von der »unheimliche[n] Stille« und den »fahlen spitzen Silhouetten von ein paar Soldaten, die langsam auf uns zukamen«. Und dann das Meer: »Ach, wie schwoll mein Herz. Und diese Einsamkeit. Eine Herde düster aussehender Menschen gruben irgend etwas Militärisches still und schattenhaft. Ein vereinzelter Posten am Horizont. Alles sonst tot. Alle Fenster und Läden geschlossen. Das Kurhaus, dieser große Kokottenkasten, mit riesigen Brettern vernagelt ... Eine fahle Zwielichtstimmung. Alles Lebende war draußen. Jenseits. Wenn ich der Kaiser der Erde wäre, würde ich als mein höchstes Recht mir ausbitten, einen Monat im Jahr allein zu sein am Strand.«

Dieses Bild sollte noch weitere drei Jahre prägend für Ostende sein. Es ist König Albert I. selbst, der als Kommandeur der Heeresgruppe Flandern die letzte Offensive zur Befreiung Westflanderns – und damit auch Ostendes – anführt. Die Gruppe besteht aus belgischen, englischen und französischen Truppenteilen. Am 17. Oktober 1918 zieht ein belgisches Regiment in Ostende ein, und der König und seine Frau, die im Krieg als Krankenschwester gearbeitet hatte, besuchen die teilweise zerstörte Stadt, deren Glanz zumindest vorerst beschädigt ist. Das ist nun nicht mehr die Stadt, in der »S. M. König Albert und unsere liebenswürdige und geliebte Königin ... oft und stets für längere Zeit mit ihren Kindern« weilen, wie es in der deutschsprachigen Werbebroschüre nur wenige Jahre vor dem Großen Krieg hieß. Die Belle Époque ist endgültig Vergangenheit. Die Königin der Seebäder aber bleibt Ostende vorerst weiterhin, zumindest, wenn man Henri Storck und seinem *Ostende, reine des plages* betitelten Film aus dem Jahr 1931 folgen will.

ETHNOGRAFIE DES INLANDS: HOMMAGE AN HENRI STORCK

Wer nach berühmten Künstlern aus Ostende gefragt wird, nennt für gewöhnlich die beiden Namen James Ensor und Leon Spilliaert, eventuell auch noch den von Constant Permeke, der zwar in Antwerpen geboren wurde, aber viele Jahre in Ostende lebte und dort auch starb. Über die beiden Erstgenannten wird noch zu reden sein, haben sie doch im Ostender Mu.ZEE in der Romestraat einen eigenen Bereich, den *Ensor en Spilliaert Museumvleugel.*

In eben diesem lichten und geräumigen Flügel im Erdgeschoss des Museums kann man aber auch die Kopfhörer überstreifen, sich vor eine Leinwand setzen und über zwei schwarzweiß flackernde Filme Bekanntschaft mit Henri Storck machen, der die Stadt schon früh mit der originären Kunst des zwanzigsten Jahrhunderts verbunden hat: dem Film.

Henri Storck wurde am 5. September 1907 in Ostende geboren. Wie Ensor und Spilliaert kam er aus der Ostender Geschäftswelt. Die Familie besaß ein Schuhgeschäft. Sein Vater starb, als Henri sechzehn war, und er musste die höhere Schule verlassen, um seiner Mutter bei der Fortführung des Geschäfts zu helfen. Als Erbe des Geschäfts wurde er 1924 (mit siebzehn) Präsident der *Association des marchands de chaussures*, der Vereinigung der Schuhhändler in Westflandern, setzte aber zugleich seine der Kunst geltenden Studien fort. Seine Tante, Inhaberin einer Boutique in Ostende, stellte ihm das erste Stockwerk über dem Laden zur Verfügung, wo der junge Storck, der zu malen begonnen hatte, unter der Bezeichnung »Studio« eine Minigalerie für Ausstellungen örtlicher Künstler organisierte, unter ihnen auch die älteren Ensor, Permeke und Spilliaert, die er ihrerseits in ihren Ateliers besuchte.

Im Februar 1927 sah der junge Henri – er war noch nicht zwanzig – im Brüsseler *Club du Cinéma* die Vorführung des Dokumentarfilms *Moana* von Robert Flaherty. Diese Arbeit des amerikanischen Regisseurs aus dem Jahr 1926, in dem die frühere Lebensweise von Insulanern auf Samoa bewusst idyllisierend gezeigt wurde (da ist sie wieder, die Südsee!), gilt in der Filmgeschichte offiziell als erster abendfüllender Dokumentarfilm und beeindruckte den jungen Mann so sehr, dass er 1928 in seiner Heimatstadt einen eigenen Filmklub gründete und unter anderem Filme von Eisenstein und René Clair zeigte. So war es ein Einundzwanzigjähriger, der die filmische Avantgarde nach Ostende holte.

Allerdings gab sich Henri Storck nicht damit zufrieden, nur als deren Vermittler zu fungieren. Er hatte sich schon 1924 eine Amateurkamera gekauft, eine Pathé-Baby des Formats 9,5 mm, die die Firma Pathé im Jahr zuvor auf den Markt gebracht hatte. Diese Kamera war ein einfaches Kurbelgerät, und

Storck machte damit seine ersten Versuche. Nach Gründung seines Filmklubs allerdings erwarb er eine 35-mm-Profikamera und drehte damit 1929 seinen ersten eigenen Film, *Images d'Ostende*.

Der Film dauert etwas mehr als elf Minuten und hat sechs Kapitel, die jeweils als Zwischentitel eingeblendet sind: *Der Hafen – Der Anker – Der Wind – Der Schaum – Die Dünen* und *Die Nordsee*, die mit sechs Minuten gut die Hälfte der Gesamtlänge des Films für sich beanspruchen. Es gibt keinen Kommentar, aber Musik, instrumental und zweimal auch den Gesang einer Frau, die im letzten Kapitel melancholisch *la mer* besingt, während man in der Ferne einzelne Schiffe sieht oder die Brandung an Holzstege klatscht. Im Untertitel heißt der Film *aspects intimes de la ville, l'hiver,* intime Ansichten der Stadt im Winter. Damit ist schon klar, dass es sich hier nicht um ein Porträt der Königin der Seebäder handelt, sondern um Impressionen aus einem Küstenort außerhalb der Saison. Selbst die Schiffe und Boote im ersten Kapitel sind unbemannt und liegen vertäut. Menschen sind hier ebenso wenig zu sehen wie im folgenden Kapitel, in dem die Kamera über die Anker schwenkt. Sie kommen erst im Kapitel über den Wind ins Bild, als einsame Strandspaziergänger, gut verpackt und vermummt, oder oben auf der Promenade auf Bänken sitzend, ebenfalls dick angezogen und zeittypisch selbstverständlich alle mit Hut, Männer wie Frauen, viele etwas gebückt, um sich gegen den Wind zu schützen. Der bläst den Stoff der leeren Liegestühle auf wie Ballons. In den weißen Dünen taucht kurz eine schwarze Katze auf, danach zwei Männer in Mantel und Hut, die die Eleganz dieser Katze nicht ganz erreichen. In diesem Film ist alles größer als der Mensch: die Dünen, der Himmel, das Schiff am Horizont und natürlich das Meer selbst.

In vieler Hinsicht – im oft etwas unwirklich erscheinenden Licht etwa, in seiner Menschenferne, in seiner Bildsprache – erinnert der Film an die Arbeiten von Leon Spillaert, deshalb haben Storcks Filme im Ensor-Spillaert-Flügel des Mu.ZEE durchaus ihren angemessenen Platz gefunden. Der nächste Film, den man dort sehen kann, *Ostende, reine des plages*, erscheint dagegen wie die sehr gelungene Umsetzung eines von der Stadt Ostende in Auftrag gegebenen Tourismus-Werbefilms, wobei ich nicht weiß, ob es einen solchen Auftrag gegeben hat. Hatte man zwei Jahre zuvor das Bild einer im Winterschlaf liegenden, wie ausgestorbenen Stadt gesehen, in der nur ein paar Unermüdliche noch unterwegs waren, so präsentiert sich hier das sommerliche Ostende während der Saison, kommentiert von einem Sprecher, der in der Tonlage stark an die pathetische Ufa-Tradition erinnert, wie man sie bei uns im ersten Nachkriegsjahrzehnt noch bei der *Wochenschau* im Kino erleben konnte.

Henri Storck ist 1999 in Brüssel erblindet gestorben, zwölf Tage nach seinem zweiundneunzigsten Geburtstag. Er hat in seinem Leben mehr als sechzig Filme gedreht und ist einer der Pioniere des belgischen Films, insbesondere des Dokumentarfilms. Mit leichter Übertreibung ließe sich sagen, dass das belgische Kino ursprünglich aus Ostende kommt. Storcks frühe Filme über seine Heimatstadt, auch *Ostende, reine des plages*, sind eher poetische Essays als Dokumentationen. Bald aber wandelte sich sein poetischer Realismus zum klassischen Dokumentarfilm. Schon 1932 hatte er aus Archivaufnahmen den antimilitaristischen Film *Histoire du soldat inconnu (Geschichte des unbekannten Soldaten)* montiert. Der entscheidende Schritt zum Dokumentarischen war dann der Film *Misère au Borinage*, den er 1933 zusammen mit dem Niederländer Joris Ivens drehte.

Der neun Jahre ältere Ivens, überzeugter Kommunist, hatte zuvor schon den Film *Heldenlied* in der sowjetischen Stahlstadt Magnitogorsk gemacht. Der Film über die Borinage, das Bergbaugebiet um Mons in der belgischen Provinz Hainaut (Hennegau) nahe der französischen Grenze, in dem der junge van Gogh zwischen 1878 und 1880 als Hilfsprediger gewirkt hatte, ging auf die Ereignisse des Jahres 1932 zurück, als hier ein Streik von 100 000 Bergarbeitern gegen die Kürzung ihrer Löhne vom belgischen Militär brutal niedergeschlagen wurde. Ein Jahr danach besuchten Storck und Ivens die Bergarbeiter in ihren armseligen Behausungen und zeigten, wie es der Titel des Films korrekt bezeichnet, die elenden Bedingungen, unter denen diese mit ihren Familien lebten. Der Film ist 36 Minuten lang, schwarz-weiß und stumm (vertont erst nachträglich 1963), hatte 1934 in Brüssel Premiere und gilt heute als einer der Klassiker des Dokumentarfilms. Drei Jahre später wandte Storck sich dieser Region noch einmal mit seinem Film *Les Maisons de la Misère* zu.

In der Folge wurde Storck so etwas wie ein filmischer Ethnograf seines Landes. Als eines seiner Hauptwerke gilt der Film *Symphonie paysanne*, ein Film über das Land- und Bauernleben zu allen vier Jahreszeiten in Belgien, an dem Storck von 1942 bis 1944 arbeitete. Sieht man auf die Entstehungszeit des Films, wird der 2006 erhobene Vorwurf, Storck habe mit den deutschen Besatzern kollaboriert, um weiter arbeiten zu können, verständlich. In der Tat hatte sich Storck der *Guilde du film* angeschlossen, gleichsam der belgischen Version der Reichsfilmkammer, die die Besatzer im Land installiert hatten. Dieser Beitritt war aber keineswegs ein Einzelfall. Darüber hat es in Belgien dennoch eine längere Kontroverse gegeben, weil Henri Storck schließlich längst als »Vater des belgischen Dokumentarfilms« galt. Und ein Blick in die *Symphonie paysanne* selbst zeigt auch eine gewisse Sakralisierung des Bodens und des bäuerlichen Lebens, jedoch ohne dass der Film selbst zu einem Blut-und-Boden-Machwerk degeneriert.

Henri Storck hat auch mehrfach als Schauspieler agiert, zum ersten Mal schon 1933 in Jean Vigos *Zéro de conduite*, wo er den Priester spielt, später in Chantal Akermans Film *Jeanne Dielman* aus dem Jahr 1975, der den Alltag einer Prostituierten in Brüssel zeigt (gespielt von Delphine Seyrig) und in dem Storck als einer ihrer Freier auftritt. Er hat Filme über Kunst und Künstler gemacht, so über Rubens und Paul Delvaux, dessen großflächige Gemälde unter anderem die Wände des Casinos von Ostende schmücken. Seine letzte Arbeit war 1985 eine 90-Minuten-Dokumentation über Permeke.

Storcks Bedeutung als Ethnograf des Inlands hat natürlich auch mit seiner langen Lebensdauer zu tun. Als er geboren wurde, herrschte noch der Kongoschlächter Leopold II. über Belgien, bevor dessen Neffe Albert 1909 das Zepter übernahm. Bis zu Storcks fünftem Geburtstag hatte nach wie vor das europäische Kräftegleichgewicht des neunzehnten Jahrhunderts Gültigkeit, bevor es zwischen 1914 und 1918 in Schutt und Asche gelegt wurde. Seine Arbeit als Filmemacher begann er in der Zwischenkriegszeit und setzte sie während der deutschen Besetzung Belgiens fort. Nach dem Ende des Zweiten Weltkriegs arbeitete Storck noch weitere vier Jahrzehnte. 1988 wurde die Fondation Henri Storck mit Sitz in Brüssel gegründet, die sich nicht nur seines Werks, sondern auch der Arbeit anderer belgischer Filmemacher annimmt und deren Aufgabe es nach eigenem Bekunden nicht zuletzt ist, das belgische Dokumentarkino zu fördern. Zu seinen Bewunderern gehören auch die Brüder Dardenne, deren Filme das Flaggschiff des belgischen Gegenwartskinos sind.

Der Film *Ostende, reine des plages,* der im Mu.ZEE zu sehen ist, zeigt die Ostender Sommersaison in ihrer ganzen Bandbreite. Kinder, die mit Eimerchen und Schaufel im Sand tätig sind, derweil Erwachsene ihrerseits eine Skulptur geformt haben, jedoch keine deutsche Sandburg, sondern eine liegende Frauenfigur. Ein Umzug von blumengeschmückten offenen Wagen mit blumengeschmückten jungen Mädchen darauf. Dann das Hippodrom Wellington, erbaut im Auftrag Leopolds II. und eröffnet 1884. Man sieht die Vorführung der Pferde, die elegant gekleidete Menge beim Wetten, beim lautstarken Verfolgen der Rennen und beim Abholen der Gewinne. Dass die Saisongäste sich auch selbst sportlich betätigen können, zeigen die folgenden Sequenzen: ein paar Ballwechsel beim Tennis, ein paar Schläge beim Golf – beides auch mit Damen! Beim Tennis lange Röcke und Hosen, selbstverständlich noch ganz in Weiß, beim Golf Knickerbocker, lange Röcke und Ballonmützen, sportliche Eleganz. Dann Autorennen entlang der Küstenlinie, professionelle ebenso wie die von Amateuren, die mit neckischen Zwischenprüfungen wie Sackhüpfen verbunden sind. Ein Fechtturnier ist ebenso zu sehen wie eine Ruderregatta, *masculin et féminin,* wie der Sprecher betont. Der Abend wird natürlich im Casino verbracht, beim klassischen Roulette, nicht etwa an einarmigen Banditen. Am Ende sieht man einen im Kurhaus veranstalteten Kinderball, auf den zum Teil fantastisch kostümierte und ausstaffierte Kinder von ihren Eltern geführt werden. Es ist tatsächlich alles fast noch so wie vor dem Krieg in Prousts Balbec.

Der Film zeigt eine Gesellschaft, die zumindest in ihren bürgerlichen Schichten und bei deren Freizeitverhalten von der beginnenden Weltwirtschaftskrise noch kaum berührt scheint. In der Borinage, in der Storck und Ivens zwei Jahre später ihren berühmten Film drehen werden, mag das schon etwas anders aussehen, wenn auch die Lohnkürzungen im Bergbau noch bevorstehen. Ostende ist zu dieser Zeit jedenfalls weiterhin das mondäne Seebad, wobei der mondäne Stil die aristokratische Ebene verlassen und sich demokratisiert und verbürgerlicht hat, das aber in einem Land, das damals wie heute zu den reichsten der Erde gehört.

Vom Krieg hat sich das Land 1930 offenbar gut erholt, der nächste wird erst in zehn Jahren nach Belgien kommen. Davon ahnt noch niemand etwas. Zwar gibt es in den folgenden Jahren im benachbarten Deutschland beunruhigende Entwicklungen, aber an Krieg muss man deshalb nicht gleich denken, zumal in Ostende, von dem aus Deutschland angenehm weit weg erscheint. So weit, dass es ein paar Jahre später ein Zufluchtsort wird für Leute, die sich ihres Lebens in Deutschland nicht mehr sicher sein können: Stefan Zweig, Joseph Roth, Hermann Kesten, Irmgard Keun, Arthur Koestler, Egon Erwin Kisch und Ernst Toller etwa, die zwar einen sehr unterschiedlichen sozialen Hintergrund und durchaus gegensätzliche politische Orientierungen aufweisen, jedoch gemeinsam haben, dass zu diesem Zeitpunkt, Mitte der Dreißigerjahre, niemand von ihnen im Deutschen Reich hätte länger bleiben können. Einige von ihnen ahnen vermutlich noch nicht, dass Ostende erst der Anfang ihrer Fluchtodyssee ist, und noch weniger, dass das Ostende, in dem sie sich zusammengefunden haben, schon in wenigen Jahren für immer untergehen wird.

RAVERSIJDE

Das beginnt damit, dass Deutschland Belgien im Mai 1940 ein zweites Mal überfällt, diesmal, ohne vorher nachzufragen, ob man vielleicht durchmarschieren dürfe. 1940 wird auch der nördliche Nachbar Niederlande nicht mehr geschont. Der *Blitzkrieg* trifft in Belgien zwar auf Gegenwehr, und man hält dort immerhin zwei Wochen länger aus als in den Niederlanden, die in fünf Tagen überrannt werden. Aber am 28. Mai kapituliert König Leopold III. Er bleibt im Land, statt wie sein Vater, der 1934 bei einem Bergunfall in den Ardennen ums Leben gekommen war, den Kampf gegen die Deutschen aus dem Exil fortzusetzen. Die belgische Regierung, die sich nach London abgesetzt hat, erklärt ihn darum als »in seiner Amtsausübung behindert« und übernimmt seine Amtsbefugnisse. Diese Definition der Lage entsprach auch den Tatsachen; der König der Belgier stand von 1940 bis 1944 in Schloss Laeken unter Hausarrest, war also ein Kriegsgefangener, wenn auch unter sehr komfortablen Umständen.

Einen Tag nach seiner Kapitulation marschieren die Deutschen in Ostende ein. Die Stadt ist als Teil des sogenannten Atlantikwalls strategisch wichtig.

Was das bedeutet, kann man noch heute besichtigen, wenn man von Ostende ein kleines Stück Richtung Südwesten fährt und dann rechts zur Domäne Raversijde abbiegt. Man kann auch die Küstentram benutzen und an der gleichnamigen Haltestelle aussteigen. Die Domäne war seit 1902, also noch zur Zeit von Leopold III., königlicher Besitz. Nach dem deutschen Überfall 1914 bauten die deutschen Besatzer sie zu einer Befestigungsanlage aus. Nach dem zweiten deutschen Überfall

1940 wurde diese in den sogenannten Atlantikwall integriert, der die Atlantikküste von Norwegen bis zur Grenze zwischen Frankreich und Spanien gegen Invasion schützen sollte. Bei diesem Ausbau wirkten auch viele belgische Arbeitskräfte mit, freiwillig, um der Verpflichtung zur Zwangsarbeit in Deutschland zu entgehen. Heute ist die Domäne Staatseigentum und wird seit 1986 von der Provinz Westflandern verwaltet. Auf dem weitläufigen Gelände, das unter Naturschutz steht und auch Wanderwege ausweist, gibt es zwei Museen, von denen eins dem Atlantikwall gilt. Dieses Museum ist eines der beeindruckendsten, die ich je besucht habe. Wobei das Wort »besucht« entschieden zu gemütlich klingt. Denn der Weg durchs »Museum« führt den Besucher nicht etwa an großflächigen Fotos mit entsprechendem Text vorbei, sondern direkt ins Freie und damit in die damals gebaute Bunker- und Festungswelt und in das Leben der deutschen Batterie, die am 29. Mai 1940 in Ostende ankam und vier Jahre lang diese Welt besetzt hielt und gegen eine feindliche Invasion schützen sollte.

Diese deutsche Batterie hatte den umständlichen Namen Batterie Saltzwedel Neu/Tirpitz. Beim ersten Namensgeber, Reinhold Saltzwedel, handelt es sich um einen U-Boot-Kommandanten, der im Ersten Weltkrieg an der belgischen Küste erfolgreich Schiffe versenken gespielt hatte und 1917 bei einer Kollision mit einer englischen Mine selbst ums Leben kam, 28 Jahre alt. Der Admiral von Tirpitz ist allgemein bekannt als derjenige, der im Kaiserreich die deutsche Flotte so hochrüsten wollte, dass sie mit der britischen konkurrieren konnte, ein von vornherein größenwahnsinniger Plan. Nach diesen beiden Helden wurde die Ostender Batterie – ursprünglich in Wilhelmshaven stationiert – benannt. Beim Militär wird bekanntlich Traditionspflege großgeschrieben. Das ist bis heute so, nur dass die Frage, welche Tradition denn gepflegt werden sollte, bei uns zuweilen strittig ist, wie man an internen Vorfällen in der Bundeswehr sehen kann.

Zwei Stunden sollte man veranschlagen, um das Gelände mit seinen Bunkern, unterirdischen Gängen und auf die See gerichteten Geschützen zu erkunden, und dabei an jeder Station per Kopfhörer auch die Audioführung einschalten, denn ohne diese Erläuterungen bleibt der Gang begriffslos. Er ist ein ständiger Wechsel von drinnen und draußen, führt durch Katakomben und ehemalige Unterkünfte, an Versorgungsbunkern und einer Waffenkammer vorbei, an Mannschaftsunterkünften und in einen Munitionsbunker und zum Kommando- und Beobachtungsbunker mit Blick aufs Meer, an einer Wachstube mit Schilderhäuschen am Eingang der Batterie und dann wieder zu einer Geschützstellung, von der aus man über die Küstenstraße direkt aufs Meer schauen kann. Ich machte diesen Gang an einem sommerlichen Septembertag 2018, legte draußen öfter eine Pause ein und nahm auf einem der gut getarnten Bunker Platz, bevor ich wieder in die unterirdische Welt eintauchen musste. Von oben sah ich über die Küstenstraße, auf deren Gleiskörper eine Tram Richtung Süden nach De Panne, wenig später eine andere Richtung Norden nach Knokke vorbeifuhr, aufs Meer. Es war auflaufend Wasser, und tief- bis hellgrün rollten die Wellen auf den Strand zu, oberhalb dessen Männer mit nacktem Oberkörper schlenderten. An nichts hätte man bei diesem Anblick weniger gedacht als an den Krieg.

Wie man weiß, hat die Invasion der Alliierten anderswo stattgefunden, in der Normandie. Wäre sie an der belgischen Küste gelungen, hätten die britischen und amerikanischen Soldaten am Strand eine ganze Reihe fieser Hindernisse zu überwinden gehabt. Die wichtigsten stehen in Raversijde aufgereiht und wirken fast wie die übliche Kollektion von Folterinstrumenten in mittelalterlichen Burgmuseen. Da gibt es etwa den Rommelspargel, Pfähle, die schräg zum Meer hin ausgerichtet und mit einer Mine oder einer Granate bestückt waren, oder die Tschechenigel, eine Weiterentwicklung des Spanischen Reiters, die als Panzersperren am Strand eingesetzt werden sollten, oder auch die Nussknackermine, ein schwerer, mit Bomben, Minen oder anderen Sprengstoffen bestückter Betonblock, der durch den Druck einer kippenden Eisenbahnschiene zur Explosion gebracht wurde.

Die Batterie Saltzwedel Neu/Tirpitz räumte am 7. September 1944 recht eilig die Stellung: vier Tage nachdem Brüssel von den Alliierten befreit worden war. Einen Tag später rückten kanadische Truppen in Ostende ein.

Die Deutschen hatten jedoch vermintes Gelände zurückgelassen. Für die Minenräumung wurde ein Bataillon eingerichtet, dessen Sitz sich in Brügge befand. Ab August 1945 wurden auch zwei Bataillone deutscher Kriegsgefangener eingesetzt. Als das Bataillon im Juni 1946 aufgelöst wurde, hatte es 300 Minenfelder geräumt, 465 000 Minen vernichtet und 2800 Häuser wieder zugänglich gemacht. Schon im Sommer 1945 konnten die Ostender ihre Strände wieder ohne Angst betreten.

Und gerade dieser Sommer soll dem Vernehmen nach sehr schön gewesen sein. Es gab bei dieser Aktion insgesamt 78 Tote und 171 Verwundete auf belgischer Seite, über die Zahl der Opfer auf der Seite der deutschen Kriegsgefangenen ist nichts bekannt.

Als ich das Museum verlassen hatte und langsam dem Ausgang des Geländes zustrebte, glaubte ich für einen Moment, der Krieg sei zurückgekehrt. Es war aber nur eine Maschine der Egypt Air, die am nahen Flughafen Ostende gestartet war und jetzt steil und geräuschvoll dem Himmel entgegenstieg.

Es hat in Ostende selbstverständlich, wie anderswo in Belgien auch, während der Jahre der Okkupation ebenso Widerstand wie auch Kollaboration gegeben. Über den Widerstand kann man sich in der Eingangshalle anhand der Aussagen von Zeitzeugen informieren, bevor man sich auf den Gang nach draußen begibt. Über die Kollaboration wird hier nichts mitgeteilt. Es ist bekannt, dass der Widerstand im wallonischen Landesteil, besonders aber in Brüssel, entschlossener war als bei den Flamen, die von den Deutschen privilegierter behandelt wurden, weil sie ja auch »Germanen« waren. Das heißt aber nicht, dass sie allesamt oder auch nur überwiegend Kollaborateure gewesen wären. »Gemessen an der Gesamtbevölkerung«, schreibt Christoph Driessen in seiner hervorragenden *Geschichte Belgiens. Die gespaltene Nation,* »bildeten sowohl Widerstandskämpfer als auch Kollaborateure eine kleine Minderheit von jeweils 2–3 % der Berufsbevölkerung (...). In den Widerstand zu gehen, war lebensgefährlich: Etwa 30 000 Beteiligte wurden von den Deutschen festgenommen, nur die Hälfte überlebte.«

LICHTGESTALT IM SCHATTEN

Die Überlebenden fanden in ihrem Bemühen, wieder Fuß im Alltag zu fassen, ein verändertes Land vor. Auch die Ostender lernten vermutlich schnell, dass die Königin der Seebäder Geschichte geworden war. Symbolisch dafür war die völlige Zerstörung des Kursaals mit dem Casino.

Als der neue Kursaal 1953 eingeweiht wurde, hatte sich der Prinzregent Karel bereits auf die Domäne Raversijde zurückgezogen, die über dreißig Jahre lang sein Wohnsitz blieb. Im Gegensatz zu seinem Bruder, der sich ja freiwillig in Kriegsgefangenschaft begeben hatte, lebte Karel während des Krieges zurückgezogen in Brüssel, versteckte sich gegen Ende der Okkupationszeit in der Nähe von Spa und arbeitete im Widerstand. Als Belgien befreit war, hatten die Deutschen Leopold inzwischen nach Deutschland verfrachtet. Das befreite Land war also ohne seinen rechtmäßigen König, und die Regierung ernannte zunächst dessen Bruder zum Prinzregenten. Das blieb er bis 1950. Der »Interimsherrscher«, der seine Jugend in Großbritannien verbracht hatte, erwies sich als erstklassiger Diplomat und Politiker, verband das Land mit NATO und UN und hatte erheblichen Anteil an der Gründung der Benelux-Union 1944. Auch innenpolitisch setzte er einiges in Bewegung, vor allem anderen die Einführung des Frauenwahlrechts. In den Jahren seiner Regentschaft veränderte Belgien sich markant.

Das diplomatische und politische Geschick des Regenten ist umso erstaunlicher, als Karel lieber dem Epikur'schen Ratschlag »Lebe im Verborgenen!« gefolgt wäre. Das tat er auch entschlossen, sobald sein Bruder nach einer Volksabstimmung ins Amt zurückkehrte, bei der 58 Prozent der Bevölkerung sich dafür ausgesprochen hatten. Dieses Ergebnis verdankte Leopold III. den Flamen, die mit 72 Prozent dafürstimmten, während die Wallonie und Brüssel mehrheitlich dagegen waren. Nach den folgenden Unruhen in diesen Landesteilen, in denen es sogar Tote gab, dankte der zurückgekehrte König ein Jahr später auf Druck der Regierung ab und gab den Thron an seinen zwanzigjährigen Sohn Baudouin weiter.

Da widmete sich Karel schon längst auf der Domäne Raversijde seiner eigentlichen Liebe, der Malerei. Vor allem Landschaften, aber auch Porträts machen sein Werk aus. Seine Bilder signierte er mit Karel van Vlaanderen und unterhielt Kontakte zu Künstlern der damaligen Zeit.

Die ersten Stationen des Gangs durch Raversijde, bevor man gewissermaßen in den Krieg zieht, dokumentieren die Wohnräume des ehemaligen Prinzregenten, der hier von 1950 bis zu seinem Tod 1983 lebte. Karel, der in jungen Jahren bei der Royal Navy in Großbritannien ausgebildet worden war, liebte das Meer und die Küstenlandschaft und zog sie jedem königlichen Palast vor. Er bestand zudem darauf, dass von den deutschen Anlagen, von der Festungs- und Bunkerwelt, nichts abgerissen wurde. Das hat bis heute zur Folge, dass die *neuen* Bunker, die gläsernen Appartementriesen von Ostende, sich nicht bis in dieses Gebiet fortfressen konnten und das gesamte Areal dem Zugriff der Immobilienwirtschaft entzogen bleibt. Der Krieg, angeblich ohnehin der Vater aller Dinge, ist hier erfreulicherweise der Vater des Naturschutzes. Ein Standbild haben die Ostender dem Prinzen jedoch nicht errichtet.

SIC TRANSIT

Auch wenn die Ostender das Strandleben dank der Minenräumtruppen schon im Sommer 1945 wieder genießen konnten, hatte sich die Saison in diesem wie in den folgenden Jahren grundlegend verändert. Durch die Kriegsschäden war der Glanz der Promenade dahin. Der Kursaal mit dem Casino war bereits 1940 von den Deutschen zerstört worden. Auch dies war übrigens nicht mehr der ursprüngliche Kursaal, der 1852 eröffnet und schon bald als zu klein befunden worden war. Dieses erste Gebäude stand auch nicht an der Promenade, sondern am Wapenplein, bis heute einer der zentralen Plätze Ostendes. Man riss es 1877 ab und baute es in Rosendaël, heute ein Stadtteil von Dünkirchen, komplett wieder auf: sozusagen eine mildtätige Gabe an die nordfranzösische Hafenstadt, die nie die Chance hatte, die Königin der Seebäder zu werden.

Der Kursaal, der mit der Erinnerung an die Glanzzeit Ostendes verbunden ist, wurde im Jahr 1878 eingeweiht und gegen Ende des neunzehnten und Anfang des zwanzigsten Jahrhunderts fleißig ausgebaut, ein Prozess, der acht Winter in Anspruch nahm. Dieses Gebäude in einem eklektizistischen Klassizismus ist es, das man auf alten Fotos, in Werbebroschüren der damaligen Zeit und auch in Henri Storcks Filmen sehen kann. In gewisser Weise schloss er die Parade ähnlich gebauter Grandhotels an der Promenade ab. Der heutige Kursaal mit Casino dagegen hat von der Stadtseite aus betrachtet den Charme eines Kongresszentrums der Sechzigerjahre, von der Promenade aus könnte er immerhin als eine Wandelhalle für Trinkkuren durchgehen.

Die Zerstörung der alten Stadt Ostende war jedoch nicht das Werk des Krieges allein. In der Stadt selbst wurden manche alte Gebäude, die den Krieg unbeschadet überstanden hatten, abgerissen und von Häusern und Blocks im typischen Stil der Nachkriegszeit ersetzt. Das war, wie man weiß, keine Spezialität Ostendes oder Belgiens, sondern eine beinahe europaweite Entwicklung. Während Alexander Mitscherlich 1965 noch die »Unwirtlichkeit unserer Städte« beklagte, gibt es heute schon Bestrebungen, bestimmte Bauten oder Baukomplexe der Nachkriegsjahrzehnte ihrerseits unter Denkmalschutz zu stellen. Der im Wortsinn sichtbarste, weil 104 Meter hohe Ausdruck dieser Bauweise in Ostende ist das Europazentrum, ein Wohnturm mit 35 Etagen, in dessen Erdgeschoss sich einige Läden und Cafés befinden und der auf dem Gelände des ehemaligen Stadttheaters steht. Gebaut wurde er von 1966 bis 1969, und man kann sich vorstellen, dass seine Spitze an nebligen Tagen umwölkt ist wie der Eiffelturm. Bis vor wenigen Jahren war die *Residentie Europacentrum*, wie das Gebäude offiziell heißt, sogar das höchste Wohngebäude des Landes, bis es durch einen Wohnturm in Brüssel um 38 Meter übertroffen wurde. Der Hauptstadt, was der Hauptstadt gebührt.

Die architektonischen Veränderungen waren auch Ausdruck der Tatsache, dass Ostende im scheinbar egalitären Nachkriegseuropa angekommen war. Für aristokratischen Glamour war kein Platz mehr. Zwar kamen zuweilen noch Mitglieder des Königshauses zu Besuch, zumeist aber nur, um irgendetwas einzuweihen. 1958 waren auch Fürst Rainier und Fürstin Gracia Patricia von Monaco zu Gast, Letztere dem Kinogänger auch bekannt unter dem Namen Grace Kelly. Am 21. Juli 1960 verpasste die Stadt einen glanzvollen Moment, auf den sie sich gefreut hatte, weil er etwas von der früheren Pracht zurückgebracht hätte. An diesem Abend sollte in einem der vom Kurhaus organisierten Galakonzerte Maria Callas auftreten. Die große Sopranistin hatte jedoch Halsschmerzen und sagte im letzten Moment ab.

Zwei Jahrzehnte danach, im Winter 1981, ging ein abgehalfterter Star aus einer ganz anderen Musikbranche in Ostende an Land, unter anderem auf der Flucht vor den amerikanischen Steuerbehörden. Zu diesem Zeitpunkt war Marvin Gaye, Soulsänger aus der Gilde der Stars von Motown Records, schon sehr lange kokainabhängig und gesundheitlich am Ende. Ein Konzertveranstalter war es, der ihn in Ostende unter seine Fittiche nahm und wieder auf die Beine brachte. Das Resultat dieser Fürsorge war im Herbst 1982 die LP *Midnight Love* mit dem Hit *Sexual Healing*, die sein Comeback einleitete. Vielleicht hätte Gaye an seinem Zufluchtsort bleiben und nicht in die Staaten und dann noch zu seinen Eltern zurückkehren sollen, denn dort wurde er während eines familiären Streits einen Tag vor seinem 45. Geburtstag von seinem eigenen Vater, Priester der Pfingstgemeinde Church of God, erschossen. Während seiner Zeit in Ostende wohnte er in der *Residentie Jane* an der Promenade Albert I, Hausnummer 77. Vor wenigen Jahren hat die Stadt Ostende nahe seiner ehemaligen Wohnung eine Gedenkplatte zu seinen Ehren in die Promenade eingelassen.

Wieder zwei Jahrzehnte später kam ein keineswegs abgehalfterter Rockstar nach Ostende und trat im Casino auf. Die Setlist verrät, was Patti Smith und ihre Band am Abend des 22. Juli 2011 alles spielten, ganze zweiundzwanzig Songs, darunter Klassiker wie *Redondo Beach, Free Money, Because the Night* und *Pissing in a River.* Ein Patti-Smith-Verehrer und Ohrenzeuge dieses Konzerts, mit dem ich bekannt bin, hat zu diesem Abend notiert:

> In Ostende schenkte ich Patti Smith einen Arnfrid-Astel-Gedichteband. Ich hatte die Astel-Gedichte, seine berühmt-berüchtigten dreizeiligen Stutz-Haikus, vor dem Konzert im Kurhaus an der Kasse abgegeben – und nach dem Konzert, relativ entspannt, begegnete ich Patti Smith und ihrem Gitarristen Lenny Kaye unter einem traumhaft schönen Sommernachthimmel am Nordseestrand. Als ich sie fragte, ob mein Geschenk bei ihr angekommen sei, antwortete sie: »The little ones?«

Ansonsten war Ostende mit dem Ende des Krieges einfach ein beliebter Badeort für Jan Janssen oder Jef Klak geworden, flämische Entsprechungen für Otto Normalverbraucher, und ist das bis heute geblieben. Die Kinder, die mit ihren Eltern in den Sechzigerjahren jeden Sommer hierhergefahren sind, haben heute vielleicht ihre Altersresidenz in Ostende bezogen, weil die Stadt für sie den Sommer und das Licht ihrer frühen Jahre bedeutet, wie für Françoise, die Mitarbeiterin aus dem Ostender *Leeshuus*.

Einen fürstlichen Besuch der ganz speziellen Art bekam die Stadt im Februar 1973. Mobutu Sese Seko, seit acht Jahren unumschränkter Herrscher über den Kongo, der damals Zaire hieß, hielt sich in der Stadt auf. Mir ist nicht bekannt, ob er dort viel Geld ausgegeben hat. Die Mittel dazu hatte er jedenfalls. Die enormen Devisengewinne, die das Land wegen seines Reichtums an Bodenschätzen abwarf, wanderten ebenso sicher auf die privaten Auslandskonten wie die Wirtschaftshilfe durch westliche Staaten, die ihn als zuverlässigen Antikommunisten schätzten. Im Grunde setzte er nur fort, was Leopold II. im neunzehnten Jahrhundert begonnen hatte. Bis zum Ende seiner Herrschaft 1997 hatte Mobutu schätzungsweise fünf Milliarden US-Dollar abgezweigt. Das Land ist trotz seines natürlichen Ressourcenreichtums bis heute eines der ärmsten der Welt, was uns zu Gregor Korff in seinem Appartement und zu dem Mann aus London zurückführt.

PHANTASIEN IM GLÄSERNEN BUNKER (5)

Bisher hat er nur beobachtet und seine Schlüsse gezogen, der Mann aus London, hat im Liegestuhl am Strand gesessen und seine nackten Füße im Sand gewärmt, hat den Familien mit ihren Kindern auf der Promenade zugelächelt und am späten Vormittag irgendwo seinen Espresso getrunken, hat sich schließlich nach Tagen bei Neuhaus eine Palette mit zwölf köstlichen Pralinen gekauft und hat darauf geachtet, Louis und Olivia nicht vollends aus den Augen zu verlieren, sich aber so im Hintergrund zu halten, dass sie ihn möglichst nicht registrieren oder aber schnell wieder vergessen. Er hat nie in dem wirklich guten Restaurant am Visserskaai gegessen, in dem Louis kocht, und er war auch nur ein Mal in dem mittelmäßigen bis schlechten Restaurant, in dem Olivia kellnert und wo er nach seiner Bestellung fast vierzig Minuten auf sein Essen warten musste.

Jetzt ist es an der Zeit, seinen Auftrag auszuführen. Er ist nun beinahe drei Wochen in der Stadt, er darf keine zu bekannte Figur in ihr werden. Andererseits hätte sich bisher kaum Gelegenheit zur Ausführung seines Auftrags ergeben. Das hat sich in den letzten Tagen geändert. Die Phase des heißen Begehrens zwischen Louis und Olivia ist offenbar zu Ende, oder das Begehren legt nur eine Pause ein. Jedenfalls stellt sich nach dem Feierabend beider im Moment nicht mehr die Frage »zu ihm oder zu ihr«, sodass der Mann aus London sich auf sein eigentliches Ziel konzentrieren kann. Gestern etwa hat Louis nach Feierabend zuerst ein paar Biere an der Theke des *Botteltje* in der Louisastraat getrunken. Der Mann aus London kennt diese Kneipe schon seit dem Tag seiner Ankunft, weil sie seinem ersten Hotel direkt gegenüberlag. Sie hat ihn an die schönsten Pubs zu Hause erinnert. Sechzehn verschiedene Biersorten vom Fass sind schon beachtlich, aber die Batterie der Biere, die flaschenweise in dem Regal hinter dem geschwungenen Tresen aufgereiht sind, müsste nach seiner Schätzung weit über hundert Sorten umfassen, alle selbstverständlich belgischer Herkunft. Vielleicht wird er nach getaner Arbeit, bevor er am nächsten Tag die Fähre nimmt, hier ein Abschiedsbier trinken.

Gestern Abend jedoch hat er sich an einem Tisch möglichst weit weg von diesem Tresen gehalten. Nach Louis' Aufbruch hat auch er ziemlich schnell das Lokal verlassen, was niemandem weiter aufgefallen sein dürfte, weil Hochbetrieb herrschte. Louis hat sich nicht, wie er befürchtet hatte, ins Stadtinnere gewandt, um weiterzutrinken, vielleicht seinen kleinen oder großen Kummer wegen Olivia zu ersäufen, sondern ist zur Promenade gegangen und dann zum inzwischen menschenleeren Strand hinabgestiegen. Der Mann aus London hat ihn von der Promenade aus eine Weile begleitet, dann ist er in sein Hotel zurückgekehrt.

Am einfachsten wäre es natürlich, denkt der Mann aus London (denkt Gregor Korff an seinem Schreibtisch), wenn sich Louis' Bewegungsprofil an diesem Abend wiederholen würde. Und so kommt es auch (es ist unsinnig, denkt Gregor Korff, hier noch einmal ein retardierendes Element einzubauen, das wäre nicht *suspense,* sondern würde nur ermüden). Also macht Louis auch an diesem Abend Station im *Botteltje,* und der Mann aus London hält sich diskret an einem möglichst weit entfernten Tisch auf. Es herrscht noch mehr Betrieb als gestern Abend, Freitag. Unter den Gästen fällt ihm ein beinahe ganz in Schwarz gekleideter Mann mittleren Alters auf: schwarze Hose, schwarzes Hemd, schwarzer Trenchcoat (kurz), schwarzer Hut. Er ähnelt sehr dem Kommissar Monet aus dem Film *Le Havre*, nur dass dieser Vergleich dem Mann aus London nicht zur Verfügung steht, weil Kaurismäkis Film erst über zwanzig Jahre später gedreht werden wird. Es gibt sogar einen kurzen Blickkontakt zwischen ihnen beiden. Dann verlässt Louis wie am Abend zuvor nach zwei Bieren das Lokal, und der Mann aus London folgt ihm zeitnah auf seinem Weg zum Meer. Diesmal nimmt Louis den Abstieg zum Strand in der Nähe des Zeeheldenplein und wendet sich nach links, Richtung Kurhaus, und der Mann aus London folgt ihm auf gleicher Höhe in hundert Meter Entfernung. Von oben spenden die erleuchteten Fenster der Appartementhäuser etwas Licht. Schließlich bleibt Louis stehen und blickt aufs näher kommende Wasser.

»Guten Abend«, sagt der Mann aus London auf Englisch, als er Louis erreicht hat, und nickt ihm freundlich zu. Der nickt zurück und will etwas erwidern, aber dann geht alles sehr schnell, ein kurzes, schallgedämpftes Plopp, er fällt, und es ist aus mit ihm. Der Mann aus London entfernt sich in gemessenem Tempo und steigt erst auf der Höhe des Kurhauses wieder zur Promenade hinauf, wendet sich stadteinwärts und geht langsam zu seinem Hotel zurück. Zwar hat er den Eindruck, dass ihm jemand folgt, aber er hat sich in der Gewalt, beschleunigt seine Schritte nicht und dreht sich auch nicht um.

HISTORISCHER EXKURS: DIE TOTE AM STRAND

Am 30. Juli 1957 fanden zwei Wanderer morgens um halb sechs eine junge Frau tot am Strand von Lombardsijde, einem Ortsteil von Middelkerke, ein Stück südwestlich von Ostende. Als die beiden sie entdeckten, lief ihr noch Blut aus Augen, Nase und Ohren, und um ihren Mund war ein Schal gebunden. Die Ermordete trug keine Papiere bei sich, aber einen Trauring mit der Gravur »André – Claudine 1955«. Es handelte sich um die dreiundzwanzigjährige Claudine Vander Vloet, geboren in Ostende. Ihren Ehemann André Sabbe hatte sie vier Monate zuvor endgültig verlassen. Für die Tatzeit hatte er jedoch ein hieb- und stichfestes Alibi, das auch dadurch nicht erschüttert wurde, dass man ihn später mit Drogenschmuggel in Verbindung brachte.

Der Mord wurde trotz zahlreicher Befragungen und mancher Zeugenaussagen nie aufgeklärt. Er scheint aber der bekannteste in der Kriminalgeschichte Ostendes zu sein. Ansonsten verhält sich die faktische Mordquote der Stadt zu Gregor Korffs Phantasien wohl ähnlich wie diejenige Venedigs zu den Phantasien Donna Leons.

Auch der tote Kellner wird frühmorgens am Strand gefunden. Ihm läuft kein Blut aus Nase oder Ohren; er ist durch einen präzisen Schuss mitten ins Herz getötet worden. Die Ermittlungen übernimmt der Mann im schwarzen Mantel und mit schwarzem Hut, der dem Kommissar Monet aus Kaurismäkis Film so ähnlich sieht, aber gut flämisch Peeters heißt und, auf der Suche nach einem Motiv, über die Vorgeschichte des Kellners das Folgende herausfindet (und dies alles noch, da wir uns in Gregor Korffs Roman im Jahr 1988 befinden, ohne die Hilfsmittel der digitalen Ära).

Der Kellner Louis Martens, geboren 1957 in Ostende, zum Zeitpunkt seines Todes also einunddreißig Jahre alt, hat in seinem neunzehnten Lebensjahr sein Zuhause verlassen, über Nacht und zur Überraschung seiner völlig ahnungslosen Eltern. Die haben, wie Kommissar Peeters bei der Befragung der Mutter herausfindet (der Vater ist inzwischen gestorben), nach drei Wochen eine Postkarte aus Marseille von ihm bekommen, in der er mitteilte, er habe auf einem Schiff angeheuert, das am nächsten Tag ablegen werde. Fünf Wochen später kam eine zweite Karte aus Angola, die nur die Mitteilung »Seefahrt beendet« enthielt. Die Mutter hat beide Karten natürlich aufgehoben und zeigt sie dem Kommissar, der sie etwas verlegen entgegennimmt und dreht und wendet.

Dann kam nichts mehr, erzählt Frau Martens. Erst fünf Jahre danach, also 1982, stand ein junger Mann vor ihrer Tür und richtete Grüße von Louis aus. Louis gehe es gut, erzählte er, er sei seit Kurzem in London und arbeite bei einem Security-Unternehmen. Vorher habe er so etwas Ähnliches im Kongo gemacht, aber darüber wisse er nichts Genaues, denn er habe Louis erst auf dem Schiff nach Southampton kennengelernt. Er selbst habe auch eine Weile in London gearbeitet, in einer ganz anderen Branche, und sei nun nach Belgien zurückgekehrt. Louis werde sich sicher bald bei seinen Eltern melden.

»Zaire«, sagt der Kommissar.

»Zaire, ja«, sagt Frau Martens.

»Haben Sie denn den Namen des jungen Mannes noch im Kopf?«

»Ich habe sogar eine Karte mit seiner Adresse in Gent. Aber das ist ja nun sechs Jahre her, wer weiß, wo der inzwischen ist.«

»Ihr Sohn hat sich aber nicht gemeldet?«

»Nein. Und ich hatte bis heute keine Ahnung, dass er wieder hier war. Wissen Sie, wie lange schon?«

»Wenigstens ein Jahr«, sagt der Kommissar, »denn so lange arbeitet er in seinem Restaurant. Vielleicht hat er es auf den Zufall ankommen lassen, darauf, dass Sie sich irgendwo begegnen. Vielleicht sogar im Restaurant.«

Das Gespräch findet noch am Vormittag statt, gerade erst ist der Leichnam geborgen und in die Gerichtsmedizin gebracht worden. Der Kommissar fragt Frau Martens, ob er sie allein lassen kann oder ob er jemanden schicken soll, der sich um sie kümmert, und sie antwortet, sie sei seit Langem daran gewöhnt, allein zu sein, und brauche keine Betreuung, schließlich habe sie eine gute Freundin um die Ecke. Also verlässt Peeters die Wohnung in der Mimosalaan, für Ostender Verhältnisse weit weg vom Meer, und geht zum Visserskaai, um mit Louis' Chef zu sprechen. Das Restaurant hat noch nicht geöffnet und wird gerade erst für den Mittag vorbereitet. Der Chef weiß dennoch schon Bescheid, dass ein Koch ausfällt, denn ein Toter liegt schließlich nicht jeden Tag am Strand von

Ostende. Louis sei sehr zuverlässig, aber auch sehr verschlossen gewesen. Im Übrigen war er in der Küche eher ein Zuarbeiter, keineswegs der Chef und auch nicht dessen unmittelbarer Assistent. »Wenn mein Chefkoch tot am Strand läge«, sagt der Restaurantbesitzer, »das wäre eine Katastrophe.« Dann fällt ihm auf, dass das nicht von sehr viel Empathie zeugt, und er versucht es zu korrigieren, indem er auf den klassischen Satz verfällt: »Natürlich ist jeder gewaltsame Tod schrecklich.«

Freundin, fragt der Kommissar, ob er was über eine Freundin wisse.

Ja, die habe ihn ein paarmal hier abgeholt nach Feierabend, Olivia. Sie hätten einen sehr glücklichen Eindruck gemacht bei den wenigen Malen, die er sie zusammen gesehen habe.

»Olivia«, fragt der Kommissar, »einen Nachnamen haben Sie nicht?«

»Nein, aber ich weiß, wo sie arbeitet, sie ist Kellnerin. Koch und Kellnerin, verstehen Sie?«

Der Kommissar weiß nicht, was es da zu verstehen gibt, und macht sich auf den Weg.

Olivia ist völlig aufgelöst, als sie vom Tod ihres Geliebten hört, und fällt aus allen Wolken, als sie von seiner Vorgeschichte erfährt. Weder vom Kongo noch von London hat sie etwas gewusst; ihr hat er erzählt, er habe die letzten Jahre in verschiedenen Restaurants in Südfrankreich gearbeitet. Natürlich habe sie auch keine Ahnung gehabt, dass Louis' Mutter in der Stadt lebe; sie selbst sei ja erst vor zehn Monaten nach Ostende gekommen. Dann versteht Kommissar Peeters nur noch Bruchstücke, weil Weinen und Reden synchron immer auf Kosten der Verständlichkeit geht, und am Ende hört er nur noch heraus, dass sie keinen Tag, keinen einzigen Tag länger in Ostende bleiben werde.

Der Mann aus London dagegen hat sich entschieden, noch einen Tag länger zu bleiben. Es herrscht sicher erhöhte Aufmerksamkeit, vielleicht werden die auslaufenden Fähren sogar polizeilich überwacht, es wäre dumm, ausgerechnet heute abzureisen. Natürlich ist dieser verlängerte Aufenthalt ein gewisses Risiko, denn er hat nach wie vor das Gefühl, dass ihm gestern Nacht jemand gefolgt ist, bis zum Hotel sogar.

Er wird sich vom Strand fernhalten und sich stattdessen in die Straßenbahn nach Knokke setzen. Als er das Hotel verlässt, sieht er in hundert Meter Entfernung eine fast schon vertraute Gestalt, ganz in Schwarz. Wenn einer mich gestern verfolgt hat, denkt er, dann war es der. Er wendet sich in Richtung Zentrum, um zum Marie-Joséplein zu gelangen. Diesmal bleibt er nach einiger Zeit stehen und dreht sich um, aber der schwarze Mann ist nicht mehr da.

Der schwarze Mann, Kommissar Peeters also, ist derweil im Hotel angelangt, weist sich aus und fragt nach der aktuellen Gästeliste, mit Verweis auf den Mord am Strand, von dem man natürlich auch hier schon gehört hat. Keine Werbung für die Stadt, aber zum Glück gleitet man jetzt ohnehin in die Nachsaison über, im Sommer wäre alles schlimmer gewesen. Eine Viertelstunde später erkundigt sich Peeters, der die Liste in einem voluminösen Sessel im Foyer studiert hat, nach Mr. Harris aus London. Mr. Harris sei vor einer Stunde weggegangen, sagt der Geschäftsführer. Er sei schon fast zwei Wochen Gast im Hotel, ein ausgesprochen angenehmer Gast übrigens, der keine Scherereien mache und zu allen Mitarbeitern sehr freundlich sei. Morgen werde er abreisen, sagt der Geschäftsführer. Was er hier zu tun habe? Ferien am Meer, wie die meisten. Nein, er habe sich seines Wissens im Hotel nie mit irgendjemandem getroffen.

»Kann ich bitte einen Kaffee haben?«, fragt der Kommissar, »mir tun die Füße weh. Ich mag nicht mehr.«

VOR SONNENUNTERGANG

Am frühen Abend, als Gregor Korff mit dieser Passage fertig ist, fährt er nach unten, wendet sich nach rechts zum Zeeheldenplein und betritt dann den *strekdam*, den Leitdamm, der sich einige Hundert Meter ins Meer erstreckt und an diesem Abend, bei Niedrigwasser, weitgehend frei ist. Ein Leitdamm dient dazu, die vorhandene Strömung zu verändern, unter anderem auch zum Schutz von Uferbereichen. Die Grenze, die man bei Hochwasser nicht überschreiten darf, ist auf dem Leitdamm von Ostende deutlich markiert und beschriftet. Die Sonne, an diesem Septemberabend ein eher gelb-roter als dunkelroter Ball, ist schon dabei, im Meer zu versinken, noch aber ist es hell. In Südeuropa wäre es die Stunde des abendlichen Korsos, und hier ist es kaum anders.

Ich selbst war gewissermaßen einige Monate vor Gregor Korff dort, an einem Aprilabend um halb acht. Die Sonne, die den ganzen Tag geschienen hatte, machte sich an diesem Abend eher als feuerroter Ball zum Untergang bereit, sehr langsam, die Dämmerung war noch kaum zu ahnen. Auch diesmal herrschte Niedrigwasser, und man konnte auf dem Damm sehr weit gehen, noch über den Punkt hinaus, da er nach rechts abknickt. Dort standen drei Osteuropäer, hatten Angeln ausgeworfen und telefonierten zugleich. Ich hatte mich sofort dafür entschieden, dass es sich um Bulgaren handelte, obwohl nichts mich dazu berechtigte, denn ich verstehe kein einziges Wort der bulgarischen Sprache.

Auf meinem Weg hin und zurück kamen mir entgegen, überholten mich oder wurden von mir überholt: junge Männer aus dem Maghreb in kleinen Gruppen, zwei junge italienische (dafür verbürge ich mich) Mütter mit Kindern, ein etwas pummeliges Mädchen, das mit seinem Smartphone Fotos machte, eine junge Frau mit Kopftuch, die ihren Kinderwagen trotz des etwas unebenen Bodens sicher steuerte, ein älteres flämisches Ehepaar, ein junges Liebespaar, vom Blick aufs Meer ebenso gebannt wie voneinander, deutsche und wallonische Touristen und ein hochgewachsener Schwarzer in einem erstklassigen Anzug und mit Goldrandbrille, der aussah, als würde er in Brüssel oder Antwerpen die Abteilung für Chirurgie oder Innere Medizin in einer renommierten Klinik leiten. Obwohl manche der Gruppen in Gespräche verwickelt waren, obwohl die Bulgaren telefonierten und die wallonischen Touristen sich gegenseitig darauf aufmerksam machten, was sie sahen, ging das alles sehr leise vor sich, gedämpft; niemand sprach zu laut, keiner rief etwas oder lachte meckernd, und selbst die Kinder, vielleicht gerade die, benahmen sich beinahe andächtig.

Mein Gang dauerte wohl eine knappe halbe Stunde, dann hatte ich den Zeeheldenplein wieder erreicht. Es war kein zweites Satori, was mir da widerfuhr. Mein Ich löste sich nicht auf, und ich erlangte keineswegs Buddha-Natur. Die eigentümliche Stimmung dieser halben Stunde rief eher zwei Assoziationen zur abendländischen Philosophie wach. So wie dieser Abend auf dem Leitdamm müsste Kants *ewiger Frieden* aussehen, stelle ich mir vor. Und an Adornos Wettern gegen die »Vorstellung vom fessellosen Tun, dem ununterbrochenen Zeugen, der pausbäckigen Unersättlichkeit«, gegen die »blinde

Wut des Machens« musste ich wieder denken. Dieser Passus 100 aus den *Minima Moralia* war mir seit jeher der liebste. Er endet mit der Utopie des »auf dem Wasser liegen und friedlich in den Himmel schauen« und heißt nicht umsonst *Sur l'eau*.

PHANTASIEN IM GLÄSERNEN BUNKER (7 UND SCHLUSS)

Es ist Freitag, der 30. September, als Mr. Harris, der Mann aus London, mit seinem Koffer aus sehr feinem, cognacfarbenem Leder – der selbstverständlich keine Rollen hat – über den Steg die Fähre betritt und zwanzig Minuten später auf dem Deck wiederauftaucht, um einen letzten Blick auf die Stadt zu werfen. Im Hotel hat man ihm am Vorabend erzählt, dass ein Kommissar sich nach ihm erkundigt hat. Er hat ihn sich beschreiben lassen und wusste sofort, um wen es sich handelte. Merkwürdigerweise hat ihn das nicht beunruhigt. Man würde ihn hier nicht nachts aus dem Hotelbett holen.

Das geschah schon deshalb nicht, weil Kommissar Peeters, nachdem seine Füße sich erholt hatten und er ins Kommissariat zurückgekehrt war, sich weiter auf die Spuren nicht des Mannes aus London, sondern auf die von Louis machte. Dass dieser in Zaire als Söldner gewütet hatte, stand für ihn außer Frage, vielleicht bei der Niederschlagung von Streiks oder gegen irgendwelche Rebellengruppen, vielleicht war er auch an einem Massaker beteiligt gewesen, darüber war aber jetzt nichts herauszubekommen. Ebenso stand für Peeters aber außer Frage, dass dort nicht der Schlüssel zu dem Fall lag, das war zu lange her. Der Schlüssel lag in London. Deshalb rief er einen dortigen Kollegen an, den er vor zwei Jahrzehnten auf einem internationalen Lehrgang kennengelernt hatte und der sein Freund geworden war, denn in solchen Stadien eines Romans, denkt Gregor Korff, haben die Ermittler immer einen Kollegen, ja einen Freund in der Stadt, in der jemand gebraucht wird, und ich habe keinen Anlass, das anders zu machen. Dieser Kollege und Freund, er heißt George, Nachnamen brauchen wir nicht, kann ihm über Louis Martens einiges erzählen. Erst vierundzwanzig, als er nach London kam, muss er für seine Aufgaben schon herausragende Qualifikationen mitgebracht haben, denn eine auf Werkschutz – *plant security* – spezialisierte Firma stellte ihn nicht nur sofort ein, sondern er stieg auch sehr schnell darin auf.

»Woher wisst ihr das alles«, fragt Peeters, »warum habt ihr den überhaupt in den Akten?«

»Vor drei Jahren«, sagt George, »gab es in der Firma, in der Martens aktuell eingesetzt war, heftige Auseinandersetzungen. Es ging um Entlassungen, ich kann dir auch Einzelheiten nennen.«

»Nicht nötig, ich weiß ja, bei euch geht es derzeit hart zu.«

»Der Betrieb wurde sogar besetzt«, erzählt George, »und die Belegschaft hat das drei Tage lang durchgehalten, bis die Besetzung vom Werkschutz unter Führung von Martens beendet wurde. Dabei wurde eine junge Frau so schwer verletzt, dass sie zwei Tage später gestorben ist, und nach Zeugenaussagen soll es Martens gewesen sein, der ihr die Verletzungen zugefügt hat. Die Situation war aber so unübersichtlich, dass man sie nicht wirklich klären konnte. Ein gutes Jahr danach hat er England verlassen.«

»Und ist nach Ostende zurückgekehrt«, ergänzt Peeters. »Hieß die Harris?«

»Wer?«

»Die junge Frau?«

»Nein, die hieß Rogers.«

»War das ihr Geburtsname, oder war sie verheiratet?«

»War sie nicht. Die war gerade einundzwanzig, Mathieu. Die hieß vom ersten bis zum letzten Tag ihres Lebens Rogers. Warum fragst du?«

»Nur so. Ein Mr. Harris, Keith Harris, ist in dem Zusammenhang nicht aufgetaucht?«

»Weiß ich jetzt nicht so aus dem Stand. Aber ich kann dir natürlich die Hintergründe ...«

»Nein«, sagt Peeters, »das will ich alles gar nicht mehr wissen. Es ist auch schon sieben, und für heute machen wir Feierabend.«

»Es ist erst sechs«, sagt George. »Bei uns. Kommst du mal wieder?«

»Wenn es nicht dienstlich ist, gern«, sagt Kommissar Peeters.

Nach diesem Gespräch unter Männern, die viel vom Elend der Welt gesehen haben, ist Kommissar Mathieu Peeters essen gegangen und dann nach Hause. Harris ist nicht der Vater, hat er vor dem Einschlafen gedacht, Harris ist ein Verwandter, ein väterlicher Freund oder einfach jemand, der einen Auftrag ausgeführt hat. Hier sollte etwas gesühnt werden, hier bestand ein Bedürfnis, Vergeltung zu üben. Nicht schön, aber mehr will ich gar nicht wissen.

Nun sieht er, auf dem Kai stehend, wie Mr. Harris auf dem Oberdeck sich über die Reling beugt. Aus der Manteltasche kramt er so etwas wie ein kleines Päckchen hervor und hält es über das Wasser. Mach doch nicht so einen blöden Fehler, möchte Peeters ihm zubrüllen, du hast doch Zeit genug dafür, wenn ihr auf See seid! Und Mr. Harris steckt sein Päckchen nach einem kurzen Moment des Zögerns tatsächlich wieder in die Manteltasche. Ihre Blicke treffen sich, und Peeters hebt die rechte Hand und winkt ihm zu, einmal, zweimal, dreimal. Mr. Harris nickt und winkt dreimal zurück. Dann legt die Fähre ab.

Ein Kriminalroman ist das nicht wirklich geworden, weiß Gregor Korff sofort, als er den letzten Satz geschrieben hat. Eher so etwas wie ein Roman von Patrick Modiano, ein Gebilde aus Spuren, die zwar Ahnungen vermitteln, aber sich dann im Küstensand und im Seenebel verlieren. Das passt doch auch viel besser zu Ostende.

Dann öffnet er die Schränke seines hübsch-hässlichen Appartements und beginnt zu packen.

Als er den letzten Kreisverkehr passiert hat und sich schon auf dem Zubringer zur Autobahn befindet, fällt ihm wieder auf, dass Ostende kein Hinterland hat. Man verlässt die Stadt und ist sofort woanders. Zwar weiß Gregor, dass sie in seinem Rücken liegt, aber er spürt sie nicht mehr. Er ist noch keine zehn Minuten unterwegs und schon im Landesinneren. Auf der Hinfahrt tauchte die Stadt auf ähnliche Weise urplötzlich vor ihm auf. Nach diesen drei Sommermonaten versteht Gregor Korff zum ersten Mal: Ostende ist noch immer eine Insel.

Eine Insel, die die Archäologen, Kulturwissenschaftler und Historiker kaum zu interessieren scheint. Als er jetzt auf die Autobahn auffährt, weisen die Schilder auf die geballte flämische Geschichte hin. Es geht nach Brügge und nach Gent, und später wird der Abzweig nach Antwerpen kommen. Lauter Städte, die voll von Historie und Denkmälern sind, Brügge als Weltkulturerbe sogar ein Denkmal seiner selbst.

In Ostende dagegen bleibt Kulturwissenschaftlern nichts

anderes übrig, als nostalgisch die goldene Ära zu beschwören, als noch Könige dort kurten. Die Denkmalschützer können die eine oder andere Plakette an alten Häusern anbringen, die auf berühmte ehemalige Bewohner hinweisen. Und bei den Historikern, die die Geschichte mit dem großen G schreiben, spielt Ostende immer nur dann eine Rolle, wenn Krieg herrscht.

Dabei gäbe es, denkt Gregor Korff auf seiner Rückfahrt, noch manche andere Spur zu verfolgen. Er hat es auch bei diesem Aufenthalt wieder versäumt, zu erkunden, warum das Café Fats Domino in der Kerkstraat so heißt, wie es heißt. Nach seinen Informationen ist Fats Domino, anders als Marvin Gaye, nie in Ostende gewesen. Und doch hat er es nicht geschafft, hineinzugehen und zu fragen, vielleicht, weil er Angst hatte, sich zu blamieren oder, noch schlimmer, auf einen Barkeeper oder eine Kellnerin zu treffen, die nicht einmal wissen, wer Fats Domino war. Aber das nächste Mal, denkt Gregor, als sich der erste kleine Stau vor Gent bildet, das nächste Mal werde ich es herausfinden.

»... BEI DEN ANDEREN BIN ICH MIR NICHT SO SICHER, OB SIE EXISTIEREN.«

Im Gegensatz zu Gregor Korff darf ich noch bleiben und mache mich noch einmal auf ins Mu.ZEE. Auf dem Weg dorthin, also ins Stadtinnere und weg vom Meer, kann man feststellen, dass die zuerst militärische und danach architektonische Zerstörung Ostendes keineswegs flächendeckend ist. Es finden sich in dieser Stadt immer wieder sehr schöne Häuser und sogar ganze Straßenabschnitte, die weder dem Krieg noch der Bauplanung zum Opfer gefallen sind. Diese verbliebenen Häuser sind vor allem vom Jugendstil geprägt und sind hier und da auch in der Nähe der Romestraat zu sehen, in der das Mu.ZEE liegt.

Das Museum selbst residiert allerdings in dem ehemaligen Kaufhaus einer Verbraucherkooperative, erbaut ab 1949 von dem Architekten und Möbeldesigner Gaston Eysselinck. Es heißt mit vollem Namen *Kunstmuseum aan Zee* und ist in der heutigen Form aus der Fusion zweier schon bestehender Museen hervorgegangen. Etwa hundert Meter weiter trifft die Romestraat auf die Amsterdamstraat, und dort im Haus No. 1 hat in den Zwanzigerjahren Leon Spilliaert eine Zeit lang gewohnt, eine Tafel am Haus weist darauf hin. Insgesamt lassen sich seit seiner Geburt bis zu seinem endgültigen Umzug nach Brüssel neun Ostender Adressen des Künstlers ausmachen. Ihm gilt an diesem Morgen mein Besuch, nachdem ich mich beim ersten Mal auf Henri Storck konzentriert hatte.

Storck, Spilliaert und – als Ältester und wohl auch Bekanntester der drei – James Ensor sind allesamt Sprösslinge der Ostender Geschäftswelt. Wie bereits erzählt, führten die Eltern von Henri Storck ein Schuhgeschäft und seine Tante eine Boutique. James Ensors Mutter betrieb in der Vlaanderenstraat 27 einen Souvenirladen, in dem sie allerlei Zeug aus der ganzen Welt verkaufte: Muscheln, Schmuck, ausgestopfte Tiere, Porzellan, chinesische Vasen und auch Masken. Es fällt nicht schwer zu folgern, dass James Ensors Werk durch dieses Sammelsurium seiner Kindheit, diese unüberschaubare und sehr bunte Ansammlung von Dingen, maßgeblich beeinflusst wurde. Das Haus in der Vlaanderenstraat, das er später geerbt und in dem er gelebt hat, ist heute sein Museum. Ich bin dort kurz vor der vorübergehenden Schließung im Herbst 2017 – wegen Neugestaltung der ständigen Ausstellung – gewesen und muss gestehen, dass die meisten Arbeiten von Ostendes berühmtestem Künstler mich ziemlich kaltlassen, von einigen Zeichnungen abgesehen. Die Grellheit und Fülle mancher seiner Bilder, dazu das Maskenhafte und der *horror vacui*, der in ihnen zum Ausdruck kommt, bleiben mir fremd. Das sagt selbstverständlich nichts über die Qualität des Werks von James Ensor, sondern nur etwas über mich selbst.

Dagegen nun Leon Spilliaert! Dessen Eltern führten in der Kapellestraat 2, also in Ostendes Hauptgeschäftsstraße, *La Grande Parfumerie Spilliaert-Jonckheere* und waren Hoflieferanten der königlichen Familie. Das Haus wurde im Jahr 1940 zerstört, man darf raten, von wem. Es gibt ein schönes altes Foto, das das Schaufenster zeigt. Eine Frau, vermutlich Leons Mutter, steht daneben im Eingang. Sie trägt ein Kleid, das im ersten Moment einem Verkäuferinnenkittel ähnelt, sich bei näherem Hinsehen aber als sehr raffiniert und elegant geschnitten erweist.

Leons Vater verkaufte nicht nur, sondern kreierte auch eigene Düfte, die *Lipster, Fleur de Flandre* oder *Brise d'Ostende* hießen. Auch die Formen der Parfümfläschchen entwarf er selbst, und sein Sohn half ihm beim Design der Etiketten. Dies war vermutlich sein Einstieg in die Kunst, und wie bei Ensor kann man sehr wohl Verbindungen von den Eindrücken der Kindheit zum späteren Werk ziehen.

Dieses Werk wird sowohl dem Symbolismus wie dem Expressionismus zugerechnet. Beide Zuordnungen sind etwas hilflos, weil zu vereinfachend. Spilliaert folgte in seinen Arbeiten keiner Schule und keinem Stil, ging seinen eigenen Weg oder eher seine eigenen Wege, weil sich seine Handschrift im

Lauf seines Lebens mehrfach änderte, was zur Folge hatte, dass er in einer monumentalen Geschichte der belgischen Kunst, die in seinem Todesjahr 1946 erschien, nur ein einziges Mal mit ein paar Zeilen erwähnt wird. In einem 1953 erschienenen Buch zum gleichen Thema taucht sein Name überhaupt nicht auf. Der Künstler, der sich ständig weiterentwickelt und nicht einfach wiedererkennbar ist, hat es seit jeher recht schwer bei denen, die nicht Kunst machen, sondern hauptberuflich über sie schreiben. Erst in den Sechziger- und Siebzigerjahren des letzten Jahrhunderts begann langsam Spilliaerts Wiederentdeckung und neue Wertschätzung.

Der sein Leben lang kränkelnde Spilliaert – der Magen! – kehrte nach einem sehr kurzen Besuch der Kunstakademie in Brügge nach Hause zurück und erarbeitete sich seine Techniken danach als Autodidakt. 1908 mietete er ein Atelier am Visserskaai, Ecke Nieuwstraat. Da er an Schlaflosigkeit litt, war er meist spätabends oder nachts auf dem Kai, der Promenade oder auch auf dem menschenleeren Strand unterwegs.

In diesen Jahren entsteht das beeindruckende Frühwerk. Wollte man ein treffendes Wort für den Charakter dieser Bilder finden, bliebe nach Fehlversuchen wie »düster«, »gespenstisch« oder »ätherisch« und dem hilflosen Hinweis auf den zeitgenössischen Symbolismus als einzig tauglicher Ansatz der Begriff »mehrdeutig«. Dass dieser Künstler sich nicht in einer Schublade unterbringen lässt, hat zu seinem zeitweiligen Vergessen ebenso geführt wie zu seiner Wiederentdeckung.

Kennzeichnend für die Werke aus der frühen Zeit sind die zwischen Schwarz und Grau changierenden Mischtechniken aus Tinte, Bleistift, Gouache und Wasserfarben, die ein merkwürdiges Resultat ergeben: Während die dargestellten Dinge und Menschen einerseits sehr klar und deutlich gezeigt und umrissen werden, entsteht ein Gesamteindruck, der eher die

Konturen zu verwischen scheint, als sei das Dargestellte hinter einem leichten Nebelschleier verborgen.

Eins seiner bekanntesten Werke aus dieser Zeit, das im MuZee zu sehen ist, heißt *Vertigo*, und wer dabei an Hitchcocks gleichnamigen Film mit Kim Novak denkt, liegt durchaus nicht falsch. Eine schwarz gekleidete Frau sitzt dort mit im Wind flatterndem Haar und vom Betrachter abgewandt auf einer Treppe, deren schneeweiße Stufen terrassenförmig nach unten verlaufen, und schaut in einen dunklen Abgrund. Im vier Jahre zuvor ebenfalls in Ostende entstandenen *Windstoß* sehen wir eine Frau, die sich am Kai mit dem Rücken zum Meer auf ein Geländer stützt, während ihr Kleid durch einen Windstoß hochgehoben wird und sie einen Schrei ausstößt, dessen Darstellung ein deutliches Zitat des berühmten Bildes von Munch ist. Die Frauen, die Spilliaert auf seinen Bildern dieser Jahre zeigt, sind fast ausnahmslos allein (die *Badende*, die auf einer Treppe mit Blick aufs Meer sitzt, hat immerhin einen Hund dabei) und oft vom Betrachter abgewandt. Sie bewegen sich in einer Welt, die ganz und gar deutlich gezeigt wird und gleichzeitig wie ein Traum wirkt. Diese Ambivalenz gilt auch für die menschenleeren Seestücke oder die Darstellungen der Promenade bei Nacht. Und sie gilt für die bekannte Serie der Selbstporträts aus dem Jahr 1907, auf denen der Künstler zwar ganz deutlich zu sehen ist – etwa auf dem *Selbstporträt mit rotem Stift*, wo Spilliaert und seine unmittelbare Umgebung, die Zimmerpflanzen, die Ecke eines Tisches in seinem Rücken und anderes, geradezu überdeutlich hervorgehoben werden –, man zugleich aber wähnt, es mit einem Gespenst und seiner Gespensterwelt zu tun zu haben.

Damit korrespondiert die Aussage Spilliaerts, die man im Mu.ZEE neben dem Bild *Vertigo* viersprachig nachlesen kann: »... bei den anderen bin ich mir nicht so sicher, ob sie existieren. Das ist ein Trugbild, ich erfahre das äußere Leben oft als Phantasie.« Diese Spielart des Solipsismus hat ihn allerdings nicht gehindert, im Jahr 1916 die wesentlich jüngere Rachel Vergison zu heiraten, die ein Jahr später die Tochter Madeleine gebar. Früher hatte er noch geschrieben (auch das ist im Mu-Zee nachzulesen): »Ich habe keine Kinder, das Licht ist meine Tochter, das Licht, eins und unteilbar.«

Seine Bilder (durchaus auch aus späteren Jahren) zeigen, dass Spilliaert zu den Künstlern gehörte, die durch ihre Geburtsstadt geprägt wurden. Ensor mag bis heute der bekanntere sein, aber Leon Spilliaert war zweifellos *der* Ostender Maler, auch wenn er von 1917 bis 1922 und dann von 1935 bis zu seinem Tod 1946 in Brüssel lebte, damit Madeleine am Königlichen Konservatorium studieren konnte.

Spilliaert war ein außergewöhnlich produktiver Künstler, der die atemberaubende Zahl von ca. 3500 Arbeiten geschaffen hat. Er arbeitete sehr schnell und experimentierte mit vielen Techniken, illustrierte schon in jungen Jahren für einen Brüsseler Verleger und Buchhändler Bücher, arbeitete auch später immer wieder als Illustrator, er schuf Druckgrafik, entwarf sogar Wandteppiche und malte auch klassisch in Öl. Der vor allem in jungen Jahren als introvertiert geltende Leon Spilliaert hatte offenbar dennoch einen nie erlahmenden Ausdruckswillen.

Es ist vielleicht die schiere Menge seiner Werke, die die Kunstgeschichte vorübergehend hat kapitulieren lassen. Das hat sich geändert. Er hat inzwischen wieder seinen Platz in der belgischen und europäischen Kunstgeschichte, und er hat in Ostende seit Kurzem neben dem Mu.ZEE noch einen weiteren festen Platz. In der Rotunde des Hotels Thermae Palace ist das sogenannte Spilliaert-Haus untergebracht, in dem zweimal jährlich Ausstellungen aus seinem Werk zu sehen sind.

Seine Arbeitsweise mit den verschiedensten Techniken, die auch miteinander kombiniert werden, entspricht der Tatsache, dass er sich immer wieder mit Grenzbereichen beschäftigt und offenbar der Wirklichkeit nie ganz getraut hat. Daran ist der lebenslange Einfluss seiner Geburtsstadt abzulesen. Ostende ist durch seine Lage am Meer per se an einer Grenze gelegen, an einem Übergang. Das lässt sich selbstverständlich von allen Küstenorten sagen. Ostende aber nennt sich auch offiziell *de Stad aan Zee*, so selbstbewusst, als sei sie die einzige. Bedenkt man, dass die Stadt ursprünglich auf einer Insel lag, hat das eine gewisse Berechtigung, als sei in ihrem Unbewussten das Wissen aufbewahrt, wie fließend alle Grenzen sind. Daraus hat auch Leon Spilliaert geschöpft.

DAS REICH DER LICHTER

Was für eine unzuverlässige Genossin die Wirklichkeit ist, habe ich an einem späten Juniabend erfahren, als ich ein Café am Visserskaai verließ. Ich war der letzte Gast gewesen, und man hatte mir nicht unfreundlich, aber nachdrücklich signalisiert, dass man jetzt schließen wolle. Draußen schien die lange westliche Dämmerung endgültig der Dunkelheit gewichen. Jedenfalls war das mein erster Eindruck, der im Übrigen im Einklang mit den Naturgesetzen stand. Kaum war ich aber ein paar Schritte gegangen, wurde gleichsam nach und nach die Natur durch die Kunst abgelöst, bis diese ganz und gar an die Stelle der sogenannten Wirklichkeit getreten war. Am Himmel nämlich glaubte ich noch immer eine beinahe taghelle Lichtbahn zu erkennen, die auch beim zweiten und dritten

Hinsehen nicht verschwunden war. Der Kontrast zwischen der Dunkelheit und dem hellen Himmel schien fast so stark zu sein wie in Magrittes berühmter Bilderserie *Das Reich der Lichter*, und ich war gleichsam ein Teil davon geworden, eine Figur, deren Schatten man am äußersten Bildrand gerade noch erkennen kann. Dieses Gefühl wurde noch dadurch verstärkt, dass ich auf der Promenade allein unterwegs war, denn die Nachtschwärmer von Ostende treiben sich um diese Zeit im Stadtinneren herum.

Die Realität war hinter der Erinnerung an Magrittes Bild ganz zurückgetreten und kehrte erst wieder, als ich den Eingang zu meinem Hotel erreicht hatte. Nicht umsonst ist Belgien, nicht Frankreich, das eigentliche Land des Surrealismus. Diese Erbschaft reicht bis in den Alltag hinein und findet ihren Ausdruck unter anderem in einem sehr sympathischen Anarchismus gegenüber aller Staatlichkeit. Ein Land, das 541 Tage ohne eine gewählte Regierung auskommt und dennoch funktioniert, verdient unsere Bewunderung.

JOYCE UND DAS MÄDCHEN MIT DEN MUSCHELN

Das Mu.ZEE hat vom Herbst 2014 bis zum Frühjahr 2015 die Ausstellung *De Zee / La Mer / The Sea / Das Meer* gezeigt. Die Arbeit daran wurde noch unter der Federführung des legendären Jan Hoet begonnen und nach dessen Tod im Februar 2014 von Phillip Van den Bossche, dem Leiter des Museums, weitergeführt. Insgesamt konnte man dort 296 Arbeiten zum Meer von weit über hundert Künstlern sehen, von Gustave

Courbet bis Gerhard Richter, von Marcel Broodthaers bis Félix Vallotton, von Etel Adnan bis Katharina Wulff, und selbstverständlich waren auch die *local heroes* Ensor, Permeke und Spilliaert vertreten. In seinem Katalogbeitrag *Eine Muschelsammlung* zitiert Van den Bossche eine Geschichte über James Joyce, der sich von Anfang August bis Ende September 1926 nach einer Augenoperation zur Erholung in Belgien und unter anderem auch in Ostende aufhielt. Joyce ging am Strand von Ostende spazieren und setzte sich auf einen Stein in der Nähe des Leuchtturms. Dann kam ein etwa vierjähriges Mädchen auf ihn zu und begann, kleine Muscheln aus seiner Schürze in die Tasche des Schriftstellers zu stecken. Obwohl er ihr auf Flämisch sagte, er brauche keine Muscheln, machte sie weiter, bis er ihr ein Geldstück gab.

Diese schöne Geschichte zeugt zum einen von Joyce' bekannten polyglotten Sprachkenntnissen, die mit *Finnegans Wake* in einem Gesamtkunstwerk kulminierten, das höchst mühsam zu dechiffrieren ist. Und sie zeugt vom früh ausgebildeten Geschäftssinn der Ostender Bevölkerung, der Küstenbevölkerung allgemein, gerade gegenüber ihren Gästen. Und, wenn auch spiegelverkehrt, lässt sie an jene Zeiten denken, als Muschelgeld bei manchen Ureinwohnern in Afrika, Amerika, Asien und im Pazifik eine gängige Währung war. Manches davon mag damals in Mutter Ensors Laden in der Vlaanderenstraat gelandet sein.

Von Ensor übrigens sind 1978 aus dem damaligen Museum für schöne Künste drei Bilder geklaut worden. Zwei Jahre später fanden spielende Kinder eins davon, das *Selbstbildnis mit Blumenhut*, in den Dünen von Mariakerke, wo es, wasserdicht verpackt, vergraben worden war. Das Werk war so gut wie unbeschädigt.

Ohne Muschelgeld machte ich mich nach meinem Museumsbesuch auf den Weg ins Ostender Zentrum. Auch das Mu.ZEE liegt zentral, unweit des Leopoldparks, aber das wahre Zentrum jeder Stadt dieser Größenordnung ist heute, fast überall in Europa, die Fußgängerzone. Als Ostende noch die Königin der Seebäder war, gab es so etwas noch nicht. Den Flaneuren war die Promenade vorbehalten oder aber das Trottoir auf den Ostender Boulevards, während auf der Fahrbahn neben ihnen vielleicht die Luxuskarossen der großen Welt fuhren, gesteuert selbstverständlich vom Chauffeur.

Die Hauptschlagader des Zentrums von Ostende ist heute wie damals die Kapellestraat, in der sich die Parfümerie von Spilliaerts Eltern befand. Spilliaert würde diese Straße heute nicht mehr wiedererkennen. In ihr und den angrenzenden Straßen reihen sich die üblichen Filialisten nebeneinander auf. Zwischen all diesen Filialisten haben, da wir in Belgien sind, hier und da Delikatessenläden mit sehr verlockenden Auslagen überlebt. In einer der Seitenstraßen befand sich noch im Herbst 2017 ein italienisches Herrenmodegeschäft, das leider nicht mehr geöffnet hatte, als ich es auf einem abendlichen Bummel entdeckte. Bei meinem nächsten Besuch im April des folgenden Jahres fand ich dort nur noch die Mitteilung, das Geschäft sei seit dem 1. Februar geschlossen. Man verwies aber auf die beiden Niederlassungen in Brügge und in Knokke-Heist. Nichts sagt mehr über die Verteilung des Publikums an der belgischen Küste und über die heutige Rangfolge der Badeorte.

Vor langer Zeit, in dem Sommer, als ich auf der Promenade mein Satori-Erlebnis hatte, habe ich in der Kapellestraat zwei einfache Kleidungsstücke gekauft: ein weiß und blau gestreiftes Sweatshirt und ein marineblaues T-Shirt mit der Aufschrift *Bleu de mer.* Beide Stücke habe ich so lange getragen, wie es nur möglich war, noch etwas übers Millennium hinaus, knapp zehn Jahre also. Sie hatten sich schon sehr bald nach meiner Rückkehr nach Köln aus typischen Kleidungsstücken für den Urlaub am Strand in Fetische verwandelt, weil sie mich an diesen ganz besonderen Moment in Ostende erinnerten und darüber hinaus an die Zuflucht, die die Stadt immer für mich sein würde. Dabei ist das Meer hier nur selten wirklich blau, sondern pendelt vornehmlich zwischen allen möglichen Grau- und Grüntönen, in die sich manchmal auch so etwas wie Ocker mischt. Schließlich liegt die Stadt nicht an der Côte d'Azur.

DAS KÜRZESTE KAPITEL

1857 eröffnete der Schweizer Jean Neuhaus in Brüssel eine pharmazeutische Confiserie *(confiserie pharmaceutique),* die Hustenbonbons, Lakritz und Bitterschokolade unter dem Zeichen der Gesundheit produzierte und verkaufte. Sein Sohn Frédéric, der eine Ausbildung als Konditor durchlaufen hatte, führte das Geschäft langsam vom Gesundheits- in den Genussbereich, und der Enkel Jean junior, der das Geschäft 1912 übernahm, vollendete das Werk, indem er das erste Stück gefüllte Schokolade schuf und es Praline nannte. Er hat nicht nur die Praline selbst, sondern kurz danach auch die klassische Pralinenschachtel erfunden. Heute sind, wie jeder weiß, belgische Pralinen das Nonplusultra, vor allem, wenn sie von Neuhaus kommen. Die Ostender Niederlassung findet man am Wapenplein 4.

DIE DASEINSFREUDE

Am Abend meines zweiten Museumsbesuchs ging ich essen. Noch immer reiht sich an der Promenade und am Visserskaai Restaurant an Restaurant. Derzeit gibt es in Belgien insgesamt 132 Restaurants, die mit mindestens einem Michelin-Stern ausgezeichnet sind. Für ein Land, das von der Fläche her nicht einmal Nordrhein-Westfalen erreicht und nur etwa so viele Einwohner wie Baden-Württemberg hat, ist das eine enorme Dichte an *haute cuisine*. Beide Tempel, die der Michelin mit drei Sternen versehen hat, liegen in Flandern, eines davon nur eine knappe halbe Autostunde von Ostende entfernt im Landesinneren. Bis zum Jahr 2016 gab es in Brügge noch ein drittes, ehe der Chef das Restaurant aus Altersgründen schloss. Auch in Knokke oder De Panne kann man auf Ein- oder Zweisterneniveau fündig werden. In dem einst so mondänen Seebad Ostende aber leuchtet kein einziger Stern am kulinarischen Himmel. Immerhin gibt es mehrfach den sogenannten Michelin-Teller, also eine »Küche mit guter Qualität«, und zweimal ein Lob für ein »ausgezeichnetes Preis-Leistungs-Verhältnis«.

Den Bewohnern wie Besuchern Ostendes scheinen diese und andere Ranglisten herzlich egal zu sein. Ihrem Appetit tut das keinen Abbruch, und es versteht sich, dass die Küche in den Restaurants am Kai und anderswo nie unter dem im ganzen Land selbstverständlichen Niveau liegt.

Dieses Niveau ist durch die Liebe der Belgier zum Essen bedingt, gern auch im großen Familienverband und generationsübergreifend. Pointiert ließe sich sagen, dass die Belgier erst beim Essen wirklich zu sich selbst kommen. Dazu müssen sie nicht im Sternerestaurant sitzen. Das habe ich in Ostende immer wieder beobachten können. Eines frühen Abends (es sei noch einmal daran erinnert, dass man an der See früh hungrig wird) im *Botteltje,* dem oben beschriebenen Bierparadies, in dem der Mann aus London sein künftiges Opfer beobachtet und in dem man auch essen kann, ließen sich an meinem Nebentisch drei Männer mittleren Alters nieder, vom Wirt persönlich begrüßt und an den Tisch geführt. Sie sahen aus wie Handwerker, die sich für den Feierabend verabredet und zuvor noch schnell zu Hause umgezogen hatten. Ebenso gut konnten es aber auch Geschäftsleute sein, die zur Feier irgendeines Vertragsabschlusses hierhergekommen waren. Zumindest in Ostende scheint mir die soziale Distinktion nach außen nicht so deutlich ausgeprägt zu sein wie anderswo. Jedenfalls bestellten sie ihre Biere und studierten die Karte, und nachdem sie ihre Gerichte ausgewählt hatten, unterhielten sie sich fröhlich, dabei nicht lärmend, wobei sich der eine immer wieder die Hände rieb – eine Geste, der sich, als die drei gut gefüllten Teller gebracht wurden, die anderen anschlossen. In diesem Moment schienen sich ihre ohnehin schon frohen Mienen noch einmal zusätzlich aufzuhellen, ein schimmernder Glanz trat in ihre Gesichter, der die pure Daseinsfreude ausdrückte. Dieser Glanz und diese Daseinsfreude hielten auch noch an, als ich mit meinem eigenen Essen fertig war und ging. Der Tag, so schien es, war für diese drei Männer nach allen Mühen an seinem eigentlichen Ziel angekommen.

Ebenso an einem anderen Abend und in einem anderen Restaurant, diesmal am Visserskaai. Ich hatte einen Platz direkt am Fenster. Es war Mitte Oktober, draußen recht kühl und leicht dunstig, die Dämmerung fiel schon. Von meinem Platz aus ahnte man über Trottoir und Fahrbahn hinweg eher den Strand und das Meer, als dass man sie sah. Neben mir wurde bald ein junges Paar platziert, das die Karte konzentriert durchsah und darüber sehr ernsthaft in jenem wallonischen Französisch beriet, das ich so viel leichter verstehe als das vieler »echter« Franzosen, weil es mir viel akzentuierter zu sein scheint. Dann wurde meine Seezunge gebracht, ganz klassisch *sole meunière*. Das Restaurant war nun voll besetzt, eine tüchtige Wirtin mit ihren ebenso tüchtigen Helferinnen und Helfern flitzte zwischen den Tischen hin und her und wirkte dabei durchaus entspannt, anstrengungslos freundlich.

Entspannt wirkten auch alle Gäste, unter denen ich das einzige »Einzelkind« war. Ansonsten Paare, Kolleginnen und Kollegen und größere und kleinere Familienverbände, durchaus auch mit Kindern, die keineswegs den Eindruck machten, als wären sie lieber im McDonald's am Wapenplein gewesen, das übrigens in unmittelbarer Nachbarschaft der Ostender Neuhaus-Filiale liegt. Angeregte Gespräche an fast allen Tischen und wieder dieser Glanz auf den Gesichtern, wenn das Bestellte gebracht wurde. Eine Daseinsfreude, die sich mit deutlicher Präsenz verband, mit der ostentativen Aussage: Wir haben uns hier jetzt niedergelassen und werden auch in zwei Stunden noch hier sitzen, und die Dunkelheit, die inzwischen draußen aufgezogen ist, kann uns nichts anhaben.

Dieses Gefühl übertrug sich sogar auf den einsamen Esser an seinem Fenstertisch. Ich fühlte mich weder beobachtet noch ignoriert und gehörte selbstverständlich dazu zu dieser Feier des guten Lebens und der gesicherten Wahrheit, dass

Essen und Trinken Leib und Seele zusammenhält. Auch die freundliche Wirtin bestärkte mich, denn anders als in vielen Restaurants in Deutschland wurde der Sologast hier nicht wie einer zweiten Ranges behandelt, sondern so aufmerksam bedient wie die Paare und Clans an den anderen Tischen. Ich bekam die Karte so schnell wie sie, und mein Essen wurde ebenso schnell gebracht wie ihres. Die Krönung war, dass ich nicht drei- oder viermal die Rechnung verlangen musste, sondern nur ein einziges Mal. Was dem Einzelesser am häufigsten passiert – dass man ihn nämlich nicht gehen lässt –, hat Lars Gustafsson in einem Kapitel seines Romans *Herr Gustafsson persönlich* unübertrefflich präzise beschrieben. Immer, wenn man mich in der Vergangenheit zu lange hat warten lassen, den vergessenen Einzelesser, ging mir die Szene durch den Kopf, in der Lars Gustafsson geschlagene siebenundvierzig Minuten zusieht, wie Kellner kommen und gehen, in denen er sich räuspert, hustet und sich fühlt, als würde er buchstäblich nicht existieren. Doch an diesem Oktoberabend am Visserskaai ist das anders. Ich bin willkommen gewesen, und ich darf jetzt nach meinem eigenen Entschluss wieder gehen. Auf meinem Weg zum Hotel, in der feuchten Kühle und dem leichten Nebel, fällt mir ein, dass vor bald vierzig Jahren, als ich Ostende zum ersten Mal als mögliche Zuflucht entdeckt hatte, nicht mehr nur als Transitstation, ebenfalls Dunkelheit und eine ähnliche Wetterlage wie heute geherrscht hatten und dass ich damals als später und einziger Gast im Old Fisher freundlich begrüßt worden war und ohne Ungeduld bedient wurde. Ich frage mich oft, wo sie wohl geblieben ist, die rot gelockte Frau mit dem Rosenteint und den wasserblauen Augen, die mich damals willkommen geheißen hat. Old Fisher jedenfalls heißt heute in Ostende nur noch eine *residentie,* also ein Appartementbunker, am Visserskaai.

DIE ENGLÄNDER

Den vielleicht stärksten Wandel hat das heutige Ostende vor gut zwanzig Jahren durchlebt, nachdem am 28. Februar 1997 die letzte Fähre nach Dover abgelegt hatte. Man muss sich bewusst machen, dass die Fährverbindung zwischen Ostende und Dover et vice versa seit dem Jahr 1846 Bestand hatte. Gut 150 Jahre lang war für Engländer, soweit sie die Route übers Meer nahmen, Ostende der erste Ort auf dem europäischen Festland, den sie betraten. Logischerweise war es auch der letzte Ort, in dem sie sich aufhielten, bevor sie wieder auf die Insel zurückkehrten. Während in früherer Zeit, als der Tourismus noch vornehmlich Individualtourismus war, eher Einzelne dort eintrafen – etwa Charlotte und Emily Brontë auf dem Weg nach Brüssel zu einer Fortbildung für Lehrerinnen –, kamen spätestens nach dem Zweiten Weltkrieg die Engländer in wesentlich größerer Zahl. Sie waren unterwegs als Einzelne, als Paare, im Familienverband, gern aber auch in größeren Gruppen vornehmlich junger Männer. Diese zogen, während sie auf die Fähre zur Rückkehr auf die Insel warteten, mit Vorliebe durch die Stadt und von Kneipe zu Kneipe – von denen gibt es in Ostende mehrere Hundert –, wobei der Geräuschpegel umso stärker anschwoll, je länger sie unterwegs waren. Manchmal hatte ich den Eindruck, dass sie nicht stunden-, sondern tagelang auf Tour waren, dass sie ihren ganzen Urlaub hier verbracht und die Straßen von Ostende nie verlassen hatten, aber das mag daran gelegen haben, dass die Gruppen sich so ähnelten. Schließlich mussten sie keine bestimmte Fähre erreichen. Man musste keineswegs einen Platz reservieren, man reihte sich einfach in die Schlange ein, und wenn die

Fähre voll war, nahm man halt die nächste, oder man blieb noch einen Tag.

Jedes Mal, wenn ich damals Ostende besuchte, begegneten mir diese Gruppen. Sie waren in keiner Weise aggressiv, keine Hooligans, sondern einfach nur fröhliche junge Männer, die, durch den Alkohol erwärmt und belebt, irgendetwas feierten: vielleicht, dass sie bald auf ihre Insel zurückkehren würden, vielleicht aber auch, dass sie sie für einige Zeit hinter sich gelassen hatten. Sie hatten Blackpool gewissermaßen einfach auf den Kontinent verlegt und amüsierten sich bestens.

Dann, nach dem Ende des Fährverkehrs, fehlten sie plötzlich. Und bei einem meiner jüngsten Besuche schienen sie auf einmal wieder da zu sein, wenn auch gealtert und außerdem in Gesellschaft von Frauen. In und vor einer Eckkneipe unweit meines Hotels, an der ich täglich vorbeikam, standen sie vom späten Vormittag bis in den Abend, tranken und feierten, und auch diesmal schwoll der Geräuschpegel mit Fortschreiten des Tages an. Es waren Männer mittleren Alters und darüber hinaus, beim einen oder anderen war das Haar schon gelichtet, und in manche Gesichter hatten sich tiefe Furchen gegraben. Ihrem Frohsinn tat das keinen Abbruch. Vielleicht, dachte ich, ist das die Gruppe, die vor zwanzig Jahren die letzte Fähre verpasst hat und seitdem in Ostende geblieben ist, echte *Expatriates.*

Auch der Vater von James Ensor war ein Engländer, der nach einem Badeurlaub in Ostende hängen geblieben war, weil er eine Ostenderin kennengelernt und geheiratet hatte: jene Frau nämlich, die den Souvenirladen in der Vlaanderenstraat führte. Mit diesem Laden hielt sie die Familie über Wasser, denn ihr Mann, der weder mit ihr noch mit Ostende besonders glücklich wurde, ging nach Amerika, kehrte wegen des Bürgerkriegs zurück, scheiterte mit seinen Versuchen, Fuß zu fassen, und wurde ein stadtbekannter Säufer.

Bei meinem letzten Besuch in Ostende waren die Engländer vor der Eckkneipe nicht mehr da, als hätten sie sich nach so langer Zeit endlich entschlossen, einen anderen Weg zurück auf die Insel zu nehmen. In Wahrheit verhält es sich vermutlich anders. Es ist nicht so, dass keine Engländer mehr nach Ostende kommen, als Tagestouristen oder im Rahmen einer Bustour. Auf Internetplattformen schwärmen sie nach wie vor von einer *lovely city, a very pleasant surprise, one of my favourite cities* oder wenigstens *a nice city with Sunday shopping at sea and beach.* Und Mumsy aus Sheffield mahnt: *Be sure to walk along the beach, a must for all you romantics.*

DAS ANTHROPOLOGISCHE FOSSIL

Die Küstenbewohner selbst gehören freilich nicht zu den Romantikern. Sie sind aber oft der Gegenstand romantischer Imagination gewesen, Objekt vielfältiger Projektionen. Auf jeden Fall, darin ist man sich durch die Jahrhunderte einig, sind sie ein ganz besonderes Völkchen, als Projektionsfläche vergleichbar höchstens noch mit den Bewohnern entlegener Bergdörfer.

Corbin zeichnet den Blick der anderen auf sie nach – den der Reisenden, Ärzte, Ethnologen, Schriftsteller, aller, die schriftliche Zeugnisse hinterlassen haben – und betont dabei, dieser sehe »an den Küsten des Nordens ganz anders aus als an den Ufern des Mittelmeers«. Mich interessieren hier naturgemäß nur die Küsten des Nordens. Dort sei man auf der

Suche gewesen »nach allem ... was den eigentümlichen dort lebenden Gestalten einen Sinn verleihen könnte«. Mit anderen Worten: Der Küstenbewohner in diesen Regionen, besonders in Schottland und in der Bretagne, ist zunächst der Fremde, ein Rätsel, das entschlüsselt werden muss. Die Ufer, an denen er wohnt, sind das Reich der Ursprünglichkeit; man geht davon aus, dass von ihm eine Linie zurück bis zu den Ureinwohnern der Küstenregion führt. Verbunden wird diese Vorstellung oft mit der Imagination, ja mit dem Phantasma eines wie auch immer gearteten Keltentums, von dem sich bis heute, besonders beim Blick auf die Bretagne, die keltische Landschaft schlechthin, Relikte erhalten haben. »So wird der Bretone, der wahre Kelte, zu einem unversehrt aus der Dunkelheit frühester Zeit überlieferten anthropologischen Fossil«, stellt Corbin pointiert fest. Das passt bestens zu den Küsten, die ihre Gestalt im Verlauf der Erdzeitalter mehrfach völlig verändert haben und an denen man auch heute noch Millionen Jahre alte Fossilien finden kann. Überhaupt ist hier der Blick auf die Bewohner nicht von dem auf die Landschaft zu trennen. Und diese Landschaft ist vor allem durch ihre Leere gekennzeichnet und durch das schon an anderer Stelle beschriebene Verschwimmen der Grenzen zwischen Land, Wasser und Himmel.

Entsprechend sind die Küstenbewohner ein willkommenes Objekt für die Neigung der Romantiker, die Sitten, Riten, Märchen und Legenden dieser Regionen zu sammeln. »Der Reisende«, schreibt Corbin, »träumt davon, ins Alltagsleben der kleinen Fischer einzudringen, und wenn das Träumen ihm nicht genügt, versucht er, ihnen in der Herberge, in ihrer Hütte oder am Strand zu lauschen.« Und sie auch gezielt zu befragen, muss man hinzufügen. So entsteht ein spezieller Zweig der Ethnologie. Von dieser Wissenschaft weiß man schließlich, dass sich in ihr die genaue Beobachtung und die dichte Beschreibung oft mit der Projektion und dem Phantasma unentwirrbar vermengen.

Das Phantasma von der Ursprünglichkeit der Küstenbewohner macht sie für den ethnologischen Blick allerdings auch zu einer Art *Wilden*, deren Existenz Corbin, der dabei Bezug auf eine Erzählung von Balzac nimmt, als »weniger tierisch als mineralisch« beschreibt: »Die Menschen sind identisch mit dem Menhir, auf dem die Geschichte keine Spuren hinterlässt.« Später nimmt der Wilde die Gestalt des Strandräubers an, der nach Schiffbrüchen das Territorium der Leere plündert, das niemandem gehört.

Erst als der Strandräuber sich in den Retter verwandelt, der Menschen aus dem küstennah havarierten Schiff birgt, wandelt sich der Wilde zum Helden. Immer ist es ein Einzelner, der sich in diesen Erzählungen hervortut, und zwar aus dem Volk, das seine eigenen ganz spezifischen Helden hervorbringt. Bald danach wächst das Interesse an der tatsächlichen Arbeit und dem tatsächlichen Leben der Küstenbewohner, das trotz aller Mühsal eher von der »Lebensfreude eines unlängst noch Schrecken einjagenden Volkes« geprägt ist. Dieses Interesse tritt nach und nach wieder in den Hintergrund, als die oberen Klassen dazu übergehen, sich im Sommer in den Badeorten standesgemäß zu vergnügen. Jetzt zählt die Küstenbevölkerung nicht mehr zu den Wilden, sondern verwandelt sich in das Dienstpersonal der oberen Gesellschaftskreise. Dass bei diesem Prozess von der Mitte des neunzehnten bis zur Mitte des zwanzigsten Jahrhunderts die Königin der Seebäder eine führende Rolle spielte, versteht sich von selbst, wofür nicht zuletzt Storcks Film *Ostende, reine des plages* ein eindrucksvolles Beispiel liefert.

Mit den ersten nennenswerten Besucherzahlen in den Seebädern wandelt sich natürlich auch der Blick aufs Meer selbst. Das Bad in ihm hat nicht mehr vorrangig medizinische Zwecke, sondern ist vor allem ein Eintauchen in ein lange Zeit als feindlich angesehenes Element, das als besonders wild und ursprünglich gilt. Es soll nun die Sehnsucht nach Ursprünglichkeit befriedigen. Corbin spricht davon, dass mit diesem neuen Blick die Empfindsamkeit angesichts des Meeres steigt und diese auch auf die Existenz der Küstenbewohner übertragen wird. »In diesem Zusammenhang«, schreibt er, »entsteht offenbar auch die Fiktion, die Küstenvölker seien in das Meer verliebt.«

Das ist nun wahrhaft ein Phantasma, weil niemand die Gefahren, denen man als Anrainer des Meeres ausgesetzt ist, so gut kennt wie diese Anrainer selbst. Angefangen damit, dass das Land, das sie bewohnen, oft dem Meer abgerungen wurde, wofür auch die künstliche Verlandung der Insel Testerep ein Beispiel darstellt, bis dahin, dass sich das Meer an vielen Stellen das Land wieder zurückholt. Die Gefährdung der Küsten durch den Anstieg des Meeresspiegels ist zwar inzwischen ins allgemeine Bewusstsein gedrungen, noch nicht aber die Tatsache, dass dieser Anstieg nicht stetig und gleichmäßig verläuft, sondern durchaus in Sprüngen erfolgt und sich im Übrigen beschleunigt. Niemand weiß heute mit Gewissheit, welche Regionen und Städte in hundert oder zweihundert Jahren nicht mehr *am* Meer, sondern, wie das legendäre Atlantis, *darunter* liegen werden, *way down below the ocean*. Noch ist das Meer für die Küstenbewohner aber eine Quelle des Lebensunterhalts, von der Fischerei über die Muschelzucht bis hin zum Tourismus. Das erfordert jedoch einen eher nüchternen Blick darauf und verträgt sich schlecht mit dem verklärenden Blick der Verliebten. Dieser nüchterne Blick hindert sicher auch die Bewohner Ostendes nicht, nach getaner Arbeit einen Spaziergang am Strand oder auf dem *strekdam* zu genießen. Sind sie schon nicht ins Meer verliebt, sind viele von ihnen allemal mit ihm vertraut.

In seiner modernen Gestalt erscheint der Küstenbewohner deshalb vor allem als Experte. Man unterstellt ihm, dass er sich mit dem Meer auskennt, und nimmt seine Hilfe in Anspruch, etwa bei einer Wattwanderung, was auch dringend angeraten ist, will man sich nicht unnötig in Gefahr begeben. Wie überall sonst vertraut man dem Einheimischen auch hier bei der beliebten Frage, wie morgen das Wetter wird. Wer am Ort aufgewachsen ist, ist in den Augen vieler Badegäste noch immer ein Nachfahre jener legendären vorzeitlichen Ureinwohner, die ursprünglich die Küsten besiedelt und angeblich uraltes Wissen über viele Generationen weitergegeben haben. Ganz falsch ist die Vermutung, dass die Einheimischen »sich auskennen«, gewiss nicht, so wenig wie die, dass der geborene Metropolenbewohner um die gefährlichen und die sicheren Areale in seiner Stadt weiß. Nur ist die Vorstellung von einer autochthonen Bevölkerung an den heutigen Küsten oder selbst auf den Inseln reichlich absurd. Ob etwa die Saisonkraft aus Liège in einem Ostender Hotel dem Gast verlässliche Auskünfte in maritimen Fragen geben kann, ist doch sehr zu bezweifeln.

CODA: REFUGIUM

Als mich damals im Old Fisher dieses Gefühl plötzlichen Geborgenseins überkam und mich dahin brachte, zum ersten Mal über die Transitstation Ostende als Stadt, als eigenständige urbane Existenz nachzudenken, hatte das drei Gründe: Ich hatte Hunger, und man gab mir zu essen; ich war der späte einzige Gast und wurde dennoch behandelt wie all die anderen vor mir, die längst gegangen waren (als gehörte ich dazu); und ich wurde beschützt vor der Unwirtlichkeit und erheblichen Tristesse eines fortgeschrittenen Novemberabends in einer leeren Stadt am Meer.

Ich durfte mich also einen Augenblick niederlassen, und meine Neugier auf die Stadt bei Tageslicht – die Stadt selbst, nicht nur die Zufahrt zur Fähre – war geweckt. Als ich in der Folge immer wieder für ein paar Tage dorthin fuhr, als meine kleinen Fluchten in diesen idealen Zufluchtsort mündeten, vergaß ich dennoch nie, dass dieses Refugium nach wie vor auch ein transitorischer Ort ist, selbst nach der Einstellung des Fährverkehrs. Alle Küstenorte sind transitorische Orte per se, weil sie an einer Grenze liegen, derjenigen zwischen Land und Meer und Himmel. Alle Küstenregionen sind Grenzregionen, was uns gerade jetzt angesichts der weltweiten Migrationsbewegungen (die bei uns unter dem merkwürdigen Namen *Flüchtlingskrise* firmieren) sehr deutlich wird.

Ein Zufluchtsort im Sinne eines idealen Verstecks, wie ich das am Anfang beschrieben habe, ist Ostende wahrscheinlich erst nach dem Zweiten Weltkrieg geworden. Solange es die *reine des plages* war und im königlichen, aristokratischen und großbürgerlichen Glanz erstrahlte, solange die prachtvolle Flucht der Hotelfassaden und des Kurhauses an der Promenade und die schönen Häuser im Stadtinneren noch ein Ensemble bildeten, solange jährlich zur Sommersaison die Schönen und Reichen von der Stadt Besitz nahmen, war es hier sicher nicht möglich, sich zu verstecken, weil das mondäne Seebad eben das genaue Gegenteil verlangte: den großen Auftritt.

Mit der Verhässlichung der Stadt durch den Krieg und die Bautätigkeit in der Zeit danach änderte sich das radikal. Zwar sind die Promenade und der Visserskaai nach wie vor eine Flaniermeile – aber eben beispielsweise für die bei schlechtem Wetter in gelbes Ölzeug oder blaue Anoraks gekleidete Familie aus der Wallonie, die bei Sonnenschein und Badewetter natürlich zu Shorts und Sandalen übergeht. Oder für die französischen Wochenendbesucher, die aus Lille oder dem Pas-de-Calais hierhergefahren sind, oder für das deutsche Ehepaar, das mal wieder aus dem Rheinland herübergekommen ist und sich gegenseitig versichert, dass das Meer doch irgendwie immer noch ganz was Besonderes ist. Niemand führt hier vor allem sich selbst und seine textilen Neuerwerbungen spazieren, und bei meinem einzigen längeren Aufenthalt in Knokke habe ich in wenigen Tagen mehr Jaguare und Aston Martins gesehen als in den fünfundzwanzig Jahren meiner Besuche in Ostende zusammengenommen. Hier ist leicht untertauchen, keine Frage. Ein Refugium, das jedem seine Beweglichkeit lässt und niemanden einsperrt.

Ein Refugium, das auch niemanden aussperrt, wie die folgende Geschichte zum guten Schluss beweisen wird. Ich muss hier diskret vorgehen, denn die Geschichte habe ich von einer Informantin, deren Namen ich nicht nennen möchte, weil sie selbst in einem beruflichen Zusammenhang davon erfahren hat, der Verschwiegenheit erfordert, und den Protagonisten dieser Geschichte kenne ich nicht einmal namentlich, geschweige denn persönlich.

Dieser Mann, ich nenne ihn einfach Fritz B., entstammt einer durchaus angesehenen und begüterten norddeutschen Familie, hat einen entsprechenden schulischen Bildungsgang durchlaufen und einen Hochschulabschluss gemacht, ist später aber, um das in diesem Zusammenhang vorgeschriebene Schlagwort zu gebrauchen, *abgerutscht* und schließlich wohnungslos geworden. Wie genau das vonstattengegangen ist, weiß ich nicht und würde es auch nicht wiedergeben, wenn ich mehr darüber wüsste, allein schon, um der sich unweigerlich anschließenden nervenzehrenden *Schuldfrage* zu entgehen. War's die Gesellschaft? Oder doch nur die Familie? Oder seine Charakterschwäche? Waren es Drogen, Alkohol, falsche Freunde, geschäftliches Pech?

Was es auch war, Fritz B. hat jedenfalls schon seit geraumer Zeit keine Wohnung, lebt in einer norddeutschen Küstenstadt und bezieht Sozialhilfe. Im Rahmen der üblichen Einschränkungen darf er reisen. Seitdem ihn eine Reise nach Ostende geführt hat, ist er immer wieder dorthin zurückgekehrt und lebt nun jedes Jahr, soweit möglich, ein paar Monate dort, vorzugsweise im Winter.

Das hat seinen guten Grund. Man weiß, dass Wohnungslose bei uns sehr wohl über Nacht Schlafplätze in Obdachlosenasylen finden können, diese aber morgens zur vorgeschriebenen Zeit wieder verlassen müssen, gleichgültig, wie das Wetter ist, und erst abends wiederkommen dürfen.

Auch Fritz B. muss zusammen mit den anderen jeden Morgen das Asyl in seiner Stadt am Meer verlassen. In der anderen Stadt am Meer, Ostende, darf er sich dagegen auch tagsüber in der Unterkunft aufhalten. Am liebsten, erzählt meine Informantin, würde er das ganze Jahr in Ostende leben. Nicht nur wegen dieser freundlichen Geste der Stadt hat er sich in sie verliebt.

Die Erfüllung dieses Traums scheitert jedoch am deutschen Sozialgesetz, in dem sich unter anderem der so lapidare wie kategorische Satz findet: »Deutsche, die ihren gewöhnlichen Aufenthalt im Ausland haben, erhalten keine Leistungen.« Das betrifft wohlgemerkt Sozialhilfeempfänger, nicht Rentner oder Pensionäre. Es werden zwar einige wenige Ausnahmen benannt, die aber alle nicht auf Fritz B. zutreffen. Dieser überlegt sich nun, erzählt meine Informantin, juristisch dagegen vorzugehen und langfristig ein Grundsatzurteil zu erzwingen.

Bekanntlich mahlen die Mühlen der Justiz … diesen Satz muss ich nicht zu Ende schreiben. Und ich weiß auch zu wenig über Fritz B., um die Ernsthaftigkeit dieser Absicht einschätzen zu können. Käme es aber dazu und hätte er am Ende Erfolg, so würde ich ihn jedes Jahr dort besuchen, in jeder der vier Jahreszeiten eine Woche lang. Für ihn wäre die Stadt schon bald ein permanentes Refugium, ein dauerhafter Schutz, male ich mir aus, und er würde mir vielleicht, nicht ohne Stolz, Facetten von ihr zeigen, auf die ich allein nie gestoßen wäre. Für mich bliebe Ostende weiter mein freundliches Versteck, das mich mitten auf der Straße zuverlässig schützt. Mein fremdes Zuhause, das mir meine eigene Fremdheit lässt und niemals aufdringlich werden wird. Meine spröde Geliebte unter den Städten, die mir *shelter from the storm* gewährt und mich jederzeit ohne Schmerz wieder gehen lässt.

DANK

Mein Dank für Hilfen und Hinweise bei der Arbeit an diesem Buch gilt Françoise vom *Leeshuus* für ihre kostbare Zeit, Patricia vom Mu.ZEE für Henri Storck, Britta Meyer von der Landesbibliothek Oldenburg für die Suche nach Dr. Hartwig – und Bert Lemmich. Er weiß, wofür.

QUELLEN

S. 7: »Stell dir jetzt vor … nach Ostende.« Aus: Jürgen Becker, Erzählen bis Ostende. © 1981 Suhrkamp Verlag, Frankfurt am Main. Alle Rechte bei und vorbehalten durch Suhrkamp Verlag Berlin.

S. 13/14: »Er steht und geht … seine Art, die Welt zu sehen.« Aus: Carl Schmitt, *Land und Meer.* Edition Maschke im Hohenheim Verlag, Köln 1981.

S. 18/19: »Ein jeder hat … Glückliches Belgien.« Aus: Zora del Buono, »Durch Raum und Zeit«, *mare – die Zeitschrift der Meere,* Nr. 50. © 2005 by mareverlag, Hamburg

S. 26: »Die aufmerksame Gegenwart des Prinzen … charakterisiert.« Aus: Alain Corbin, *Meereslust. Das Abendland und die Entdeckung der Küste.* Wagenbach Verlag, Berlin 1990.

S. 29/30: »Lieber Marx … Die kommen erst im August.« Aus: Marx-Engels-Gesamtausgabe, Dritte Abteilung, Band 1. Auvermann GmbH, Glashütten im Taunus 1970.

S. 82: »Ja, Du staunst – mais c'est la verité … allein zu sein am Strand.« Aus: Max Beckmann, *Briefe* Band 1, 1899 – 1925. © 1993 Piper Verlag GmbH, München.

S. 95: »Gemessen an der Gesamtbevölkerung … nur die Hälfte überlebte.« Aus: Christoph Driessen, *Geschichte Belgiens. Die gespaltene Nation.* Verlag Friedrich Pustet, Regensburg 2018.

S. 134: »nach allem … könnte«; »So wird der Bretone … anthropologischen Fossil«; »Der Reisende … zu lauschen.« Aus: Alain Corbin, op, cit.